영적 전쟁에서 승리하는
대적 선포
기도문

영적 전쟁에서 승리하는

초판1쇄 인쇄　|　2014년 05월 10일
초판6쇄 인쇄　|　2022년 01월 20일

지은이 | 노진향
펴낸이 | 황성연
펴낸곳 | 도서출판 청우
등록번호 | 제8-63호
주문처 | 열린유통
주 소 | 경기도 파주시 광탄면 혜음로 883번길 39-32
전 화 | (031) 947-7777
팩 스 | (0505) 365-0691
ISBN | 978-89-94846-22-4 03230

이 책은 저작권법에 의해 보호를 받는 저작물이므로 무단전재 및 복제를 금합니다. 잘못 만들어진 책은 구입하신 서점에서 바꾸어 드립니다.

책 값은 뒤표지에 있습니다.

영적 전쟁에서 승리하는
대적 선포 기도문

| 노진향 지음 |

❖ 효과적인 활용을 위한 안내

① 이 책의 기도문을 참고하여 기도를 하고 싶을 때 언제나 사용하십시오.

② 한 편의 기도제목을 놓고 기도를 할 때 두세 번 반복하여 기도하십시오.

③ 사탄 마귀를 물리치는 명령형 문구는 여러 번 반복하여 사용하는 것이 좋습니다.

④ 이 기도문은 사탄 마귀를 물리치는 대적기도와 선포기도이기 때문에, 처음 사용할 때 기도문구들이 어색할 수 있습니다. 그러나 반복하여 사용하시면 금방 익숙해집니다.

⑤ 이 책에서 특별히 필요한 기도문을 선택하여 기도할 때는 날짜를 체크하십시오. 이 책은 하나의 기도문마다 하단에 기도한 날짜를 체크할 수 있도록 구성되어 있습니다.

⑥ 타인을 위하여 대적기도나 선포기도를 해 드리고 싶을 때 인칭대명사를 바꾸어 사용하시면 됩니다.

예) 내가 → ○○이가(성도, 직분),
    나에게 → ○○에게(성도, 직분)
    나를 → ○○이를(성도, 직분)

⑦ 특별히 마음에 와 닿는 기도문구는 계속해서 반복하는 것이 좋습니다. 이 기도문은 단지 읽기 위한 것이 아니라, 기도하기 위한 것이기 때문입니다.

⑧ 병원이나 각종 심방을 갔을 때, 필요한 기도 내용을 선택하여 상대방을 위하여 기도해 드릴 수 있습니다.

⑨ 교회와 같은 특별한 기도처에서도 이 책을 사용하면서 자신과 타인을 위하여 기도할 수 있습니다.

⑩ 이 책의 기도문을 자신에게 또는 타인에게 적용하면서 기도하다보면 기도의 능력과 응답을 체험하고 큰 믿음으로 성장하는 것을 경험할 수 있습니다.

| 머리말 |

「사탄은 아직도 건재하다」

    그리스도인의 최대의 적은 예수 믿지 않는 불신자가 아니라 사탄 마귀입니다. 사탄 마귀의 최종 목표는 하나님의 세계 안에 자기의 왕국을 우뚝 세우는 것입니다. 사탄 마귀는 하나님 나라의 그림자인 교회 안에서도 자기의 왕국을 세우려 하고 있습니다. 그리고 여기서 한 발자국 더 나아가 예수님의 지체인 주의 백성들 심령 안에도 자기의 왕국을 우뚝 세우려하고 있습니다.

    이러한 사탄 마귀의 전술 전략은 이미 성공을 거두고 있습니다. 우리가 알듯이 사탄 마귀는 일찍이 하나님의 피조 세계 안에 있는 에덴동산의 아담과 하와를 타락시켜 자기의 왕국을 우뚝 세웠을 뿐만 아니라, 지금까지도 교회 안에 거짓 선지자들을 세워 자기의 나라를 견고하게 추구하고 있습니다. 이제 사탄 마귀의 최종 목표는 성도들의 심령 안에 자기의 나라를 굳게 세우는 것입니다. 그러므로 우리가 사탄의 궤계를 가볍게 여기면 넘어지고, 쓰러지며, 믿음의 길에서 낙오할 수밖에 없습니다.

오늘 당신은 사탄 마귀의 궤계를 능히 대적할 수 있으리라 확신하고 있습니까? 사탄은 지금 온갖 수단과 방법을 총동원하여 당신의 삶의 전 영역을 공격하려고 울며 이를 갈고 있다는 것을 잊지 말아야 합니다. 그러므로 사탄 마귀의 간계와 계략을 미리미리 간파하여 차단하고, 틈탈 기회를 엿보고 있는 사탄의 정체를 그때그때 분별하여 신속히 대적하는 것이, 당신이 믿음의 삶에서 승리하는 비결입니다.

> "근신하라 깨어라 너희 대적 마귀가
> 우는 사자 같이 두루 다니며 삼킬 자를 찾나니"
> 벧전 5: 8

반달마을에서 노 진 향

❖ 사탄 마귀에 대한 간단한 이해

1. 사탄 마귀의 정체

① **공중의 권세를 잡은 존재** (요 14:30, 고후 4:4, 엡 2:2)
   이 세상 임금, 이 세상 신으로 불리기를 원함.
② **영적인 존재** (겔 28:12~15)
   악한 영들의 지배를 받게 하고. 불안과 초조, 정신적인 혼란을 가져다 줌.
③ **귀신의 왕이요, 귀신을 부리는 존재** (계 12:9)
   자신의 사자인 귀신들을 조종하여 육체적, 정신적, 도덕적 환경을 오염시켜서 사람을 괴롭히고 질병에 시달리게 함.
④ **인격을 지닌 존재** (눅 4:2~12)
   인격적으로 접근하여 넘어지게 함.
⑤ **능력을 지닌 존재** (마 8:28~32)
   물리적인 힘과 완력을 행사할 수 있음.
⑥ **지식이 탁월한 존재** (겔 28:12)
   월등히 앞선 지식으로 사람의 생각을 사로잡을 수 있음.

⑦ **속임수와 변장술에 강한 존재** (고후 11:14~15)
광명의 천사, 의의 일꾼으로 가장하기도 함.
⑧ **말씀을 이용하는 존재** (눅 4:9~11)
교묘하게 말씀을 변형하여 넘어지게 함.
⑨ **시험하는 존재** (눅 4:1~12)
조건과 환경을 이용하여 넘어지게 하며, 사람을 시험할 때 성경을 인용하기도 함.
⑩ **틈을 비집고 들어오는 존재** (엡 4:27)
틈만 보이면 비집고 들어와 넘어지게 함.

2. 사탄 마귀가 이용하는 도구

각종 환경, 각종 질병, 불안, 공포, 두려움, 근심, 불신, 거짓, 불평, 불만족, 상처, 의심, 교만, 오만, 슬픔, 절망, 다툼, 시기, 질투, 미움, 낙심, 우울, 수치심, 죄책감, 분노, 이기심, 나쁜 습관, 혈기, 정욕, 게으름, 가난, 중독, 유혹, 자랑, 감정, 억울함, 음란, 나태함, 외로움, 고독, 배신 등

3. 사탄 마귀의 계략을 방어하는 비결

① 예수 그리스도를 온전히 믿고 영접해야만 한다(요 1:12).
② 하나님의 자녀라는 확신을 갖고 있어야 한다(요 1:12).
③ 성령 충만하기를 힘써야 한다(엡 5:18).
④ 항상 깨어서 기도생활을 해야만 한다(막 9:25~29, 살전 5:17, 벧전 5:8).
⑤ 말씀을 가진 생활을 해야만 한다(엡 6:17).
⑥ 주님의 뜻을 좇는 생활을 해야만 한다(엡 5:17).
⑦ 항상 예배생활에 힘써야만 한다(엡 5:19).
⑧ 항상 감사하는 생활을 해야만 한다(엡 5:20, 살전 5:18).
⑨ 악은 어떤 모양이라도 버리기를 힘써야만 한다(살전 5:22).

4. 사탄 마귀를 대적하고 물리치는 방법

① 나사렛 예수 그리스도의 이름으로(행 3:6, 4:12)
② 하나님의 자녀의 권세로(요 1:12)

③ 예수님의 피로(엡 2:13, 벧전 1:19~20, 요일 1:7)
④ 예수님의 보혈(사 53:5)
⑤ 예수님의 권세로(마 28:18)
⑥ 예수님의 능력으로(눅 6:19, 계19:1)
⑦ 성령님을 힘입어서(마 12:28,29)

5. 사탄 마귀를 물리치는 명령형 문구

대적하노라! 명령하노라! 결박하노라!
선포하노라! 파쇄하노라! 박멸하노라!
거절하노라! 태우노라! 보호막을 치노라!
무력화시키노라! 꾸짖노라! 주장하노라!
떠나갈지어다. 물러갈지어다. 사라질지어다.
묶임을 받을지어다. 놓임을 받을지어다.
영원히 떠나갈지어다. 저주를 받을지어다.
소멸될지어다. 제거될지어다. 삭제될지어다.
치유될지어다. 변화될지어다. 강화될지어다.
건강할지어다. 강해질지어다. 작동할지어다. 등

• CONTENTS

효과적인 사용을 위한 안내… 4
머리말… 6
사탄 마귀에 대한 간단한 이해… 8

제1부
마음의 치유를 위한 대적 선포 기도문… 17

사탄아! 물러갈지어다 • 18
의심아! 떠나갈지어다 • 20
두려움아! 물러갈지어다 • 22
교만아! 물러갈지어다 • 24
불안아! 물러갈지어다 • 26
나쁜 습관아! 끊어질지어다 • 28
외로움과 고독아! 떠나갈지어다 • 30
배신의 아픔아! 떠나갈지어다 • 32
억울한 감정아! 떠나갈지어다 • 34
미워하는 감정아! 떠나갈지어다 • 36
불화야! 떠나갈지어다 • 38
걱정과 근심아! 떠나갈지어다 • 40
염려야! 물러갈지어다 • 42
스트레스야! 소멸될지어다 • 44
낙심아! 떠나갈어다 • 46
열등감아! 물러갈지어다 • 48
유혹아! 물러갈지어다 • 50
불신아! 떠나갈지어다 • 52
미혹의 영아! 물러갈지어다 • 54

충격아! 떠나갈지어다 • 56
불만아! 떠나갈지어다 • 58
짜증아! 떠나갈지어다 • 60
죄책감아! 떠나갈지어다 • 62
불평아! 떠나갈지어다 • 64
상처야! 씻겨질지어다 • 66
핑계야! 물러갈지어다 • 68
음란아! 떠나갈지어다 • 70
포기야! 물러갈지어다 • 72
불행아! 떠나갈지어다 • 74

제2부
육체의 치유를 위한 대적 선포 기도문… 77

질병아! 사라질지어다 • 78
위암아! 녹아질지어다 • 80
우울증아! 떠나갈지어다 • 82
중풍아! 떠나갈지어다 • 84
고혈압아 물러갈지어다 • 86
당뇨병아! 사라질지어다 • 88
만성피로야! 떠나갈지어다 • 90
불면증아! 물러갈지어다 • 92
알레르기야! 없어질지어다 • 94
무기력증아! 물러갈지어다 • 96
간경화(암)야! 소멸될지어다 • 98

디스크야! 사라질지어다 • 100
천식아! 떨어질지어다 • 102
화병아! 떠나갈지어다 • 104
귀신아! 떠나갈지어다 • 106
편두통아! 사라질지어다 • 108
어지럼증아! 물러갈지어다 • 110
감기야! 떨어질지어다 • 112
치매야! 물러가거라 • 114
알코올 중독아! 박멸 될지어다 • 116
아토피야! 물러갈지어다 • 118
심근경색아! 떠나갈지어다 • 120
폐병(암)아! 떠나갈지어다 • 122
유방암아! 사라질지어다 • 124
약한 체질아! 강하여질지어다 • 126
대장암아! 떨어질지어다 • 128
자궁암아! 소멸될지어다 • 130

제3부
믿음의 회복을 위한 대적 선포 기도문 … 133

성령의 충만을 받을지어다 • 134
사탄 마귀를 대적할지어다 • 136
축복을 받을지어다 • 138
각양 은사를 사모할지어다 • 140
금식기도에 승리할지어다 • 142

영적싸움에서 승리할지어다 • 144
강하고 담대한 믿음이 될지어다 • 146
적극적인 신앙인이 될지어다 • 148
요동치 않는 믿음이 될지어다 • 150
실족하지 않는 믿음이 될지어다 • 152
주님을 온전히 신뢰할지어다 • 154
은혜를 깨닫는 자가 될지어다 • 156
말씀을 잘 들을지어다 • 158
예배를 사모할지어다 • 160
주일을 사랑할지어다 • 162
주님의 헌신을 닮아갈지어다 • 164
죽도록 충성할지어다 • 166
아름다운 믿음이 될지어다 • 168
기도의 불을 붙일지어다 • 170
말씀을 사랑할지어다 • 172
연단을 잘 인내할지어다 • 174
시험을 잘 참아낼지어다 • 176
핍박을 달게 받을지어다 • 178
온전한 십일조를 드릴지어다 • 180
종교적인 갈등이 떠나갈지어다 • 182
가족들의 반대가 변화될지어다 • 184
가정예배에 성공할지어다 • 186
복음 전하는 전도자가 될지어다 • 188
정성을 다하여 드릴지어다 • 190

끝으로 너희가 주 안에서와
그 힘의 능력으로 강건하여지고 마귀의 간계를 능히
대적하기 위하여 하나님의 전신 갑주를 입으라
우리의 씨름은 혈과 육을 상대하는 것이 아니요
통치자들과 권세들과 이 어둠의 세상 주관자들과
하늘에 있는 악의 영들을 상대함이라
그러므로 하나님의 전신 갑주를 취하라
이는 악한 날에 너희가 능히 대적하고
모든 일을 행한 후에 서기 위함이라

에베소서 6장 10 ~ 13절

1부

마음의 치유를 위한
대적 선포 기도문

사탄아! 물러갈지어다

하나님의 군사로 세우는 능력의 말씀 •·····················

"근신하라 깨어라 너희 대적 마귀가 우는 사자 같이 두루 다니며 삼킬 자를 찾나니" (벧전 5:8)

    내 정신과 생각과 마음을 괴롭히려는 악한 영 사탄아! 내가 나사렛 예수 그리스도의 이름으로 너를 대적하며 명령하노니 지금 즉시 내 주변에서 떠나갈지어다.

    어찌 나를 너의 악한 영으로 사로잡으려 하느냐! 어찌 나를 너의 악한 영 앞에 굴복시키려 하느냐!

    너는 나의 영혼을 너의 권세와 발 아래 두려고 발버둥치고 있지만 예수의 생명, 예수의 영이 내 영혼을 주장하고 있노라!

    광명의 천사를 가장하여 내게 속삭이지 말지어다. 의의 일꾼을 가장하여 나를 미혹하지 말지어다. 나는 이미 너의 계략과 실체를 파악하고 있노라!

인격적으로도 접근하지 말지어다. 나를 동정하고 위하는 척 하면서도 접근하지 말지어다. 도와주는 척 하면서도 접근하지 말지어다. 네가 변장술에 능하다는 것을 나는 이미 간파하고 있노라!

  불안과 초조를 통해서도 접근하지 말지어다. 정신적인 혼란을 통해서도 접근하지 말지어다. 미움과 질투로도 접근하지 말지어다. 육체적인 질병으로도 접근하지 말지어다.

  너를 멸하러 오신 예수님의 권세, 예수님의 능력으로 내 정신과 마음에 보호막을 치노라!

  악한 영 사탄 마귀야!

  너를 대적하고 결박할 수 있는 권세가 내게 있으니 나를 넘어뜨릴 계략을 꾸미지 말고, 너는 지금 즉시 묶임을 받고 떠나갈지어다. 예수 그리스도의 권세로 너의 모든 것을 박멸하고 파쇄하노라! 할렐루야!

  예수 그리스도의 이름으로 기도합니다. 아멘

의심아! 떠나갈지어다

하나님의 군사로 세우는 능력의 말씀 •

"예수께서 즉시 손을 내밀어 그를 붙잡으시며 이르시되 믿음이 작은 자여 왜 의심하였으냐 하시고 배에 함께 오르매 바람이 그치는지라" (마 14:31,32)

지금 의심으로 내 마음과 생각을 괴롭히고 어지럽히는 사탄아!

내게서 떠나갈지어다.

나를 위해서 십자가에서 죽으시고 부활하신 예수 그리스도의 이름으로 너를 대적하며 명령하노니 내게서 떠나갈지어다.

태초에 아담과 하와를 의심으로 미혹하여 죄를 짓게 하고 하나님을 가까이 하지 못하게 하더니, 지금 나를 의심으로 넘어지게 하려느냐?

너는 나의 생각을 지배할 수 없다. 나의 마음을 주장할 수 없다. 예수님의 피, 예수님의 보혈의 능력이 나를 주장하고 있다. 성령의 화염검이 나의 마음과 생각을 보호하고 있다.

나의 의식과 자아 속에서 의심으로 정신을 혼미하게 하는 사탄 마귀야!

너를 엄히 꾸짖고 명령하노니 결박을 받고 내게서 속히 떠나갈지어다.

나는 하나님의 자녀의 권세를 가졌노라!

너를 결박할 수 있는 예수 이름의 권세를 가졌노라! 너는 나를 주장하지 못한다. 너는 나를 조종하지 못한다. 다시는 나를 미혹하려고 틈을 엿보지 말지어다. 내 마음과 생각에서 영원히 사라질지어다.

네가 있을 곳은 음부요 지옥이다.

나사렛 예수 그리스도의 이름으로 너를 결박하노니 영원히 떠나갈지어다. 할렐루야!

예수 그리스도의 이름으로 기도합니다. 아멘

두려움아! 물러갈지어다

하나님의 군사로 세우는 능력의 말씀 •┄┄┄┄┄┄┄┄

"두려워하지 말라 내가 너와 함께 함이라 놀라지 말라 나는 네 하나님이 됨이라 내가 너를 굳세게 하리라 참으로 너를 도와주리라 참으로 나의 의로운 오른손으로 너를 붙들리라" (사 41:10)

지금 나의 연약한 삶을 두려움으로 괴롭히고 흠집 나게 하는 사탄아!

내게서 떠나갈지어다.

나를 위해 십자가에서 죽으시고 부활하신 나사렛 예수 그리스도의 이름으로 너를 대적하노라.

나사렛 예수 그리스도 이름의 권세로 너를 엄히 꾸짖고 명하노니 묶임을 받고 내게서 떠나갈지어다.

주님을 사랑하는 베드로에게 두려운 마음을 갖게 하여 바다에 빠지게 하더니, 지금 나를 두려움으로 넘어지게 하려느냐?

악한 영 사탄 마귀야!

너는 나를 절대로 두려움으로 넘어지게 할

수 없노라. 나는 예수 그리스도 안에서 생명의 성령의 법으로 새롭게 된 존재이다. 성령님이 내 안에서 나를 주장하고 있다!

지금 나의 연약한 삶을 비집고 들어와 두려움으로 넘어지게 하려는 사탄 마귀야!

이미 너의 모든 계획을 알고 있으니 내게서 떠나갈지어다.

네가 나를 넘어뜨리기 위해서 아무리 열심을 내어도 소용이 없다. 너는 더 이상 하나님의 자녀를 넘어뜨릴 수 없는 존재이니 내게서 속히 떠나갈지어다.

예수 그리스도의 이름으로 선포하노니 네가 나에게 접근하는 것을 영원히 금지하노라. 예수 그리스도의 십자가와 부활로 너의 계획이 다 파쇄되었음을 선포하노라.

할렐루야!

예수 그리스도의 이름으로 기도합니다. 아멘

교만아! 물러갈지어다

하나님의 군사로 세우는 능력의 말씀 •

"젊은 자들아 이와 같이 장로들에게 순종하고 다 서로 겸손으로 허리를 동이라 하나님은 교만한 자를 대적하시되 겸손한 자들에게는 은혜를 주시느니라" (벧전 5:5)

나를 교만하게 하여 너의 본성을 닮아가게 하려는 사탄아!

나사렛 예수 그리스도의 이름으로 너를 대적하며 명령하노니 내게서 물러갈지어다.

나를 교만하게 하여 너의 앞잡이로 삼으려는 사탄아!

성령의 검, 곧 하나님의 말씀으로 엄히 명령하노니 내게서 떠나갈지어다.

믿는 자들을 교만으로 넘어지게 하고, 하나님의 은혜에서 멀어지게 하는 너의 계략을 내가 모를 줄 아느냐! 예수의 보혈로 구원함을 받은 나에게는 무용지물이니 지금 당장 결박을 받고 내게서 떠나갈지어다.

네가 광명의 천사로 가장을 해도 통하지 않

을 것이다. 의의 일꾼으로 가장하여 나를 현혹하여도 절대로 걸려들지 않을 것이다. 너의 계략은 이미 만천하에 드러났으니 지금 즉시 내게서 손을 떼고 예수의 이름으로 묶임을 받을지어다.

날마다 그 어떤 달콤한 말로 나에게 속삭여도 속지 않을 것이다. 나에게 그 어떤 영광을 보여준다고 해도, 성령께서 내 마음과 생각을 주장하시니 너의 술수에 절대로 걸려들지 않을 것이다.

원수 사탄 마귀야!

나사렛 예수 그리스도의 이름으로 대적하며 선포하노니, 너의 위장술과 함께 영원히 꺼지지 않는 지옥 불에 던져질지어다. 너는 이미 예수 그리스도의 십자가와 부활로 멸망받을 존재가 되었음을 선포하노라! 할렐루야!

예수 그리스도의 이름으로 기도합니다. 아멘

불안아! 물러갈지어다

하나님의 군사로 세우는 능력의 말씀 •······························
"너희는 마음에 근심하지 말라 하나님을 믿으니 또 나를 믿으라" (요 14:1)

가슴을 두근거리게 하고, 무언가 곧 좋지 않을 일이 벌어질 것만 같은 막연함 불안감으로 밀어 넣는 악한 영 사탄 마귀야!

하늘과 땅의 모든 권세를 가지신 나사렛 예수 그리스도의 이름으로 너를 대적하며 명령하노니 속히 내게서 떠나갈지어다.

일상생활에 대한 크고 작은 염려와 근심들로 마음의 평안을 잃어버리게 하는 악한 영 사탄 마귀야! 나는 너를 절대로 용납할 수 없나니 결박을 받고 내게서 떠나갈지어다.

아직도 공중의 권세를 잡고 있다고 하여 네 권세가 무한한 줄 아느냐! 모든 권세가 예수님의 발 아래 꿇게 된 것을 너는 잊어버렸느냐! 지금 당장 예수님의 권세 아래 복종을 표

시하고 내게서 떠나갈지어다.

나는 예수님께서 피로 값 주고 사신 천하보다 귀한 영혼이다. 하나님의 아들의 피로 말미암아 새롭게 된 존재이다.

악한 영 사탄 마귀야!

네가 내 마음을 불안하게 하여 믿음에서 떨어지게 하려 하지만, 너는 나를 넘어지게 하지 못한다. 너는 나를 쓰러뜨리지도 못한다. 나는 이미 하나님의 자녀의 권세를 가졌노라!

이미 너의 정체를 내가 다 알고 있으니, 너의 공격 무기들을 버리고 순순히 굴복하고 떠나갈지어다. 마음을 불안하게 하고 영혼을 빼앗는 도적질을 중단할지어다.

나사렛 예수 그리스도의 이름으로 너의 간계와 계략을 모두다 파쇄하노라!

할렐루야!

예수 그리스도의 이름으로 기도합니다. 아멘

나쁜 습관아! 끊어질지어다

하나님의 군사로 세우는 능력의 말씀 •

"너희는 유혹의 욕심을 따라 썩어져 가는 구습을 따르는 옛 사람을 벗어버리고 오직 너희의 심령이 새롭게 되어 하나님을 따라 의와 진리의 거룩함으로 지으심을 받은 새 사람을 입으라" (엡 4:22~24)

나의 결심을 자꾸만 무너뜨려서 끊어야 할 것을 끊지 못하게 만드는 악한 영아!

나사렛 예수 그리스도의 이름으로 너를 대적하며 명령하노니 내게서 떠나갈지어다.

나의 의지를 약하게 하여 더러운 것에 중독되게 만드는 악한 영아! 나사렛 예수 그리스도의 이름으로 결박하노니 묶임을 받고 떠나갈지어다.

끊어야 할 것을 끊지 못하게 하여 성숙한 신앙생활을 훼방하는 악한 영아!

나사렛 예수 그리스도의 이름으로 너를 엄히 꾸짖어 명령하노니 내게서 물러갈지어다.

이 저주 받은 악한 영아! 더 이상 사탄이 나를 주장하게 할 수 없노라! 더 이상 내 의지와 결심을 사탄의 밥으로 내어줄 수 없노라!

내 정신과 육체를 주장하려고 하는 너의 권세를 나사렛 예수 그리스도의 이름으로 무력화시키노라! 너의 힘을 예수의 피, 예수의 보혈로 박멸하노라! 내게서 항복을 선언하고 떠나갈지어다.

이제 나를 향하여 나사렛 예수 그리스도의 이름으로 선포하노라!

내 몸은 성령이 거하시는 전이 아니냐! 성령을 욕되게 하지 말고, 성령의 충만함을 받아, 내 몸속에 인박혀 있는 악습관을 단호히 끊어버릴지어다. 하루빨리 옛 생활을 정리하여 주님이 기뻐하시는 새사람이 될지어다. 하나님께 영광 돌리는 믿음의 사람이 될지어다.

할렐루야!

예수 그리스도의 이름으로 기도합니다. 아멘

외로움과 고독아!
떠나갈지어다

하나님의 군사로 세우는 능력의 말씀 •┄┄┄┄┄┄┄┄┄┄┄

"여호와는 나의 힘과 방패이시니 내 마음이 그를 의지하여 도움을 얻었도다 그러므로 내 마음이 크게 기뻐하며 내 노래로 그를 찬송하리로다" (시 28:7)

외로움과 고독함을 떨쳐버리지 못하게 하여 마음의 고통을 겪게 만드는 악한 영 사탄 마귀야! 나사렛 예수 그리스도의 이름으로 너를 대적하며 명령하노니 내게서 떠나갈지어다.

지금 너는 나의 마음을 외로움과 고독으로 계속 밀어 넣어 삶에 대한 의욕을 빼앗으려 하고 있지만, 나는 하나님의 자녀의 권세를 가졌노라! 예수님의 이름의 권세가 내 삶을 주장하노라!

악한 영 사탄 마귀야! 예수님의 권세, 예수님의 능력으로 너를 대적하노니 너의 공격용 무기를 갖고 지금 즉시 내게서 떠나갈지어다.

하나님이 나와 함께하시기 때문에 나는 조금도 흔들리지 않을 것이다. 너의 간계와 계략에 절대로 넘어가지 않을 것이다. 외로움과 고독을 기도로 물리치셨던 예수님을 본받아 더욱 더 기도하며 영적으로 무장할 것이다.

지금 하나님이 나의 목자가 되어 주시기 때문에 나는 절대로 외롭지 않노라! 우리 주님이 나의 친한 벗이 되어 주시기 때문에 나는 절대로 고독하지 않노라!

악한 영 사탄 마귀야! 너는 나의 삶을 외롭게 하고 고독하게 하여도 결단코 나를 넘어지게 할 수 없으니 지금 즉시 결박을 받고 내게서 떠나갈지어다. 성령의 능력으로 내 몸과 정신과 마음을 충만하게 채우노라! 예수님의 피, 예수님의 보혈로 내 몸과 정신과 마음에 보호막을 치노라!

악한 영 사탄 마귀야! 나사렛 예수 그리스도의 이름으로 대적하노니 너는 내게서 영원히 떠나갈지어다. 할렐루야!

예수 그리스도의 이름으로 기도합니다. 아멘

마음의 치유를 위한 대적 선포기도문

배신의 아픔아! 떠나갈지어다

하나님의 군사로 세우는 능력의 말씀

"누가 누구에게 불만이 있거든 서로 용납하여 피차 용서하되 주께서 너희를 용서하신 것과 같이 너희도 그리하고 이 모든 것 위에 사랑을 더하라 이는 온전하게 매는 띠니라"
(골 3:13,14)

배신의 아픔을 떨쳐버리지 못하게 하는 악한 영 사탄 마귀야! 나사렛 예수 그리스도의 이름으로 너를 대적하며 명령하노니 내게서 떠나갈지어다.

가슴속으로 파고드는 배신의 아픔을 십자가에서 죽기까지 나를 사랑하신 예수님의 사랑으로 덮노라! 가슴속으로 밀려오는 좌절감과 허탈감을 성령의 충만함으로 채우노라!

지금 내 마음속에서 순간순간 치밀어 오르는 분노심을 성령의 불로 태우노라! 원수까지도 사랑하라고 하신 말씀의 능력으로 내 마음을 다스리노라!

악한 영 사탄 마귀야! 나는 예수님이 피로 값 주고 사신 하나님의 자녀이니, 네가 내 몸과 마음과 정신을 주장할 수 없노라! 예수님의 보혈, 예수님의 권세가 나를 주장하노니 너는 지금 즉시 결박을 받고 내게서 떠나갈지어다.

나는, 배신자들의 허물을 감싸 안으시고 십자가의 용서로 승리를 이루신 주님을 닮기 원하노라! 상대방을 향한 원망이나 저주의 말들을 내 마음속에서 지워버리고 용서와 축복의 언어를 담아내기를 원하노라!

미움과 분노를 갖게 하는 악한 영 사탄 마귀야! 네가 내 마음속에 둥지를 틀고 있도록 절대로 방관하지 않을 것이니, 지금 즉시 결박을 받고 물러갈지어다.

내 마음은 예수님의 능력 안에서 위로와 평안을 얻노라! 성령의 인도하심 아래서 자유함을 얻노라! 감사의 열매, 찬양의 열매를 주님께 드리노라! 할렐루야!

예수 그리스도의 이름으로 기도합니다. 아멘

억울한 감정아! 떠나갈지어다

하나님의 군사로 세우는 능력의 말씀 •

"여호와여 나의 억울함을 보셨사오니 나를 위하여 원통함을 풀어주옵소서" (애 3:59)

억울한 감정을 떨쳐버리지 못하게 하는 악한 영 사탄 마귀야! 나사렛 예수 그리스도의 이름으로 너를 대적하며 명령하노니 내게서 떠나갈지어다.

너는 내 생각과 감정을 주장할 수 없노라! 내 마음과 영혼을 지배할 수 없노라! 내 안에서 예수님의 영인 성령께서 나를 주장하고 있노라!

인간적으로 생각하면 너무나 답답하고 괴로운 일이지만, 믿음의 주요 온전하게 하시는 이인 예수님을 바라보며 이겨나갈 것이다.

또한, 인간적으로 생각하면 분노를 참지 못할 일이지만, 십자가에서 오래 참으사 우리의 구원을 이루신 예수님을 바라보며 온전히 인내할 것이다.

악한 영 사탄 마귀야! 너는 내 생각과 감정을 주장하려고 하지 말지어다. 내 삶을 간섭하지 말지어다. 나사렛 예수 그리스도의 이름으로 나의 삶 전체 위에 네가 틈타는 것을 지금 즉시 금지하고 차단하노라!

이번 계기를 통하여 억울한 일을 당하셨던 주님의 마음을 헤아려 볼 수 있는 기회를 얻게 된 것을 감사하노라!

핍박하는 자를 위하여 끝없는 용서의 기도를 드리셨던 주님의 모습을 담아낼 수 있는 기회를 얻게 된 것을 기뻐하노라!

악한 영 원수 사탄 마귀야! 내가 나사렛 예수 그리스도의 능력을 힘입어 너를 대적하노니 지금 즉시 내게서 물러갈지어다. 지금 즉시 결박을 받고 내게서 떠나갈지어다. 나는 예수님 안에서 평안을 누리노라! 할렐루야!

예수 그리스도의 이름으로 기도합니다. 아멘

미워하는 감정아!
떠나갈지어다

하나님의 군사로 세우는 능력의 말씀 •···

"너희도 성령 안에서 하나님이 거하실 처소가 되기 위하여 그리스도 예수 안에서 함께 지어져 가느니라" (엡 2:22)

미워하는 감정을 갖게 하는 악한 영 사탄 마귀야!

나사렛 예수 그리스도의 이름으로 너를 대적하며 명령하노니 내게서 떠나갈지어다.

내가 받은 상처를 통하여 나에게 미움의 감정을 주입시키고 있는 악한 영 사탄 마귀야!

너의 간계를 예수님의 보혈의 능력으로 파쇄 하노니 지금 즉시 묶임을 받고 떠나갈지어다.

지금 내 생각과 마음속에 자리 잡고 있는 모든 미움의 감정들을 예수님의 능력으로 모두 삭제하노라!

지금 나의 심령을 악하게 만드는 모든 미움의 감정들을 성령의 불로 모두 소멸시키노라!

미움의 감정 때문에 내 영혼에 궁핍함이 찾아오지 않도록 원수까지도 사랑하라고 말씀하신 주님의 말씀을 앞세우노라!

악한 영 사탄 마귀야!

내가 나사렛 예수 그리스도의 이름으로 너를 추방하노니 나를 고통에 빠뜨리지 말고 지금 즉시 결박을 받고 떠나갈지어다.

나는 십자가로 용서의 극치를 보여주신 예수님을 닮기 원하노라! 조롱하던 자들을 위하여 용서의 기도를 드리셨던 예수님을 닮기 원하노라!

나의 영혼아!

미움의 감정을 부추기던 악한 영 사탄 마귀는 물러가고, 일곱 번씩 일흔 번이라도 용서할 수 있는 은혜가 넘칠지어다. 상처를 주는 자를 향하여 기도할 수 있는 영으로 충만하게 될지어다. 할렐루야!

예수 그리스도의 이름으로 기도합니다. 아멘

불화야! 떠나갈지어다

하나님의 군사로 세우는 능력의 말씀

"그가 경건하여 온 집안과 더불어 하나님을 경외하며 백성을 많이 구제하고 하나님께 항상 기도하더니" (행 10:2)

화평을 깨뜨리는 악한 영 사탄 마귀야! 나사렛 예수 그리스도의 이름으로 너를 대적하며 명령하노니 나와 내 가정에서 떠나갈지어다.

너는 에덴동산의 하와를 미혹하여 아담의 가정을 깨뜨림으로 하나님에게서 멀어지게 하더니, 지금 우리 가정에 화평을 깨뜨려서 믿음에서 멀어지게 하려고 하느냐!

내가 하나님의 자녀의 권세를 가지고 너를 엄히 꾸짖어 명령하노니 지금 즉시 결박을 받고 나와 내 가정에서 떠나갈지어다.

하나님이 만세 전부터 택하셔서 예수 그리스도의 피로 값 주고 사신 우리 가정은 성령이 보호하고 계시고, 하늘의 천군 천사가 지키고 있노라! 너는 나와 내 가정을 예수 그리스도의 사랑에서 끊을 수 없노라! 예수 그리스도의 피 묻은 십자가로 세워진 우리 가정을 그분의 품안에서 빼앗아갈 수 없노라!

나와 내 가족은 서로 사랑하며 화목하기를 힘쓸 것이다. 서로의 허물을 감싸주고 덮어주며, 서로의 약한 것을 위하여 기도해 주기를 힘쓸 것이다. 서로를 섬기며 예수님을 본받아 살기를 힘쓸 것이다.

너 어둠의 권세 사탄 마귀야! 믿는 자의 가정에 천국이 이루어지는 것을 시기하고 있는 이 세상 임금아! 믿는 자의 가정마다 너의 왕국을 세우려고 하는 악한 영 사탄 마귀야!

내가 네게 하늘과 땅의 권세를 가지신 예수 그리스도의 이름으로 대적하며 명령하노니 지금 즉시 너의 계획을 중단하고 음부 속으로 영원히 추방될지어다. 나와 우리 가정은 예수님의 평화가 주장하고 있노라! 할렐루야!

예수 그리스도의 이름으로 기도합니다. 아멘

걱정과 근심아! 떠나갈지어다

하나님의 군사로 세우는 능력의 말씀 •⋯⋯⋯⋯⋯⋯⋯⋯⋯⋯⋯⋯⋯
"평안을 너희에게 끼치노니 곧 나의 평안을 너희에게 주노라 내가 너희에게 주는 것은 세상이 주는 것과 같지 아니하리라 너희는 마음에 근심하지도 말고 두려워하지도 말라"
(요 14:27)

걱정과 근심을 가져다 주는 악한 영 사탄 마귀야! 나사렛 예수 그리스도의 이름으로 대적하며 명령하노니 지금 즉시 내게서 떠나갈지어다.

너는 나의 피곤하고 힘든 삶을 비집고 들어와 내 생각과 마음속에 걱정과 근심을 뿌려놓고 있지만, 나는 네가 내 마음을 어둡게 하여 주님을 신뢰하지 못하게 하려는 흉악한 간계인 줄을 알고 있노라!

이 세상의 풍속을 좇고 공중의 권세 잡은 자인 악한 영 사탄 마귀야! 예수 그리스도의 이름으로 너의 간계를 차단하고 명령하노니 지금 즉시 결박을 받고 내게서 떠나갈지어다.

나를 예수 그리스도의 피로 값 주고 사신 하

나님은 내 모든 시험과 무거운 짐을 대신 짊어져 주시는 하나님이심을 믿노라! 나로 하여금 걱정과 근심이 없게 하시고 평안의 복을 더해 주시는 하나님이심을 믿노라! 슬픔이 변하여 기쁨이 되게 하시고 화가 변하여 복이 되게 하시는 하나님이심을 믿노라!

걱정과 근심을 통하여 내 삶을 힘들게 하는 악한 영 사탄 마귀야! 예수님의 보혈의 능력을 앞세워서 너를 대적하노니 지금 즉시 항복을 하고 내게서 떠나갈지어다.

다시는 예수님 안에 있는 나의 삶을 너의 간계로 흠집 내지 말지어다. 다시는 내 생각과 마음을 주장하려고 틈탈 기회를 엿보지 말지어다. 나의 삶과 나의 생명은 예수님의 능력이 주장하노라! 할렐루야!

예수 그리스도의 이름으로 기도합니다. 아멘

염려야! 물러갈지어다

하나님의 군사로 세우는 능력의 말씀 •⋯⋯⋯⋯⋯⋯⋯⋯
"너희 염려를 다 주께 맡기라 이는 그가 너희를 돌보심이라"
(벧전 5:7)

내게 염려를 가져다 주는 악한 영 사탄 마귀야! 나사렛 예수 그리스도의 이름으로 너를 대적하노니 지금 즉시 결박을 받고 내게서 떠나갈지어다.

너는 나의 연약한 삶을 비집고 들어와 온갖 염려로 넘어뜨리려고 하고 있지만, 너는 내 생각과 마음과 육체를 주장할 수 없노라!

나는 하나님이 지명하여 불러주신 그분의 자녀이다. 하나님이 나에게 그분의 자녀 된 권세를 주셨노라! 나의 몸속에는 예수님의 구속의 은혜가 왕의 자리에 있노라! 그분의 거룩한 영이 나를 주장하고 있노라!

내게 염려를 주어 생각과 마음을 무겁게 하는 악한 영 사탄 마귀야! 내가 너에게 그렇게 가벼운 존재로 보이더냐! 내가 너에게 그렇게 만만한 존재로 보이더냐! 너를 결박하고 너를 내어 쫓을 권세가 내게 있는 줄 모르더냐! 나사렛 예수 그리스도의 이름으로 엄히 명령하노니 지금 즉시 결박을 받고 내게서 떠나갈지어다.

악한 영 사탄 마귀야! 온갖 염려를 다 동원해서 나를 공격한다 할지라도 결단코 나를 넘어지게 할 수 없노라! 결단코 내 영혼을 빼앗지 못하노라!

대저 의인은 일곱 번 넘어져도 다시 일어난다(잠24:16)는 것을 모르더냐! 내 아버지는 만물보다 크시매 아무도 아버지 손에서 빼앗을 수 없다(요 10:29)는 것을 모르느냐!

악한 영 사탄 마귀야! 너의 모든 공격용 무기를 성령의 불로 태우고 소멸시키노니, 더 이상 내 삶의 영역에서 기웃거리지 말고 지금 즉시 떠나갈지어다. 할렐루야!

예수 그리스도의 이름으로 기도합니다. 아멘

마음의 치유를 위한 대적 선포기도문

스트레스야! 소멸될지어다

하나님의 군사로 세우는 능력의 말씀 •⋯⋯⋯⋯⋯⋯⋯⋯⋯⋯⋯⋯

"마음의 즐거움은 양약이라도 심령의 근심은 뼈를 마르게 하느니라" (잠 17:22)

내게 스트레스를 가져다 주는 악한 영 사탄 마귀야! 나사렛 예수 그리스도의 이름으로 대적하노니 지금 즉시 내게서 떠나갈지어다.

너는 내 생활을 지치게 하고 힘들게 하여, 내 생각과 마음과 정신과 육체를 주장하려고 하고 있지만, 나는 예수님이 피로 값 주고 사신 하나님의 자녀이다.

나는 그분의 소유가 된 백성이다. 예수님이 내 안에 계시고, 그분의 영이 나를 주장하고 있노라!

나를 넘어지게 하고 무너뜨리려고 하는 악한 영 사탄 마귀야! 예수님의 보혈의 피, 보혈의 능력으로 너를 결박하노니 지금 즉시 묶임을 받고 내게서 떠나갈지어다.

너의 간계와 계략을 말씀의 방패로 차단하노라! 너의 계책과 계획을 성령의 검으로 파쇄하노라! 나를 괴롭히는 일을 지금 즉시 중단하고 내게서 영원히 사라질지어다.

예수님의 이름, 예수님의 능력으로 나에게 명령하며 선포하노니 악한 영 사탄 마귀의 권세에서 놓임을 받을지어다.

답답한 가슴아! 후련해질지어다. 괴로운 마음아! 시원해질지어다. 죽고 싶은 생각아! 사라질지어다.

무거운 신체야! 회복될지어다. 죄책감아! 물러갈지어다. 복잡한 생각아! 없어질지어다. 모든 중압감아! 소멸될지어다. 깊숙한 상처야! 치유될지어다.

나의 모든 정신적 신체적 기능이 정상적으로 작동될지어다. 나는 나사렛 예수 그리스도의 이름으로 승리하였노라! 할렐루야!

예수 그리스도의 이름으로 기도합니다. 아멘

낙심아! 떠나갈어다

하나님의 군사로 세우는 능력의 말씀

"내 영혼아 네가 어찌하여 낙심하며 어찌하여 내 속에서 불안해 하는가 너는 하나님께 소망을 두라 그가 나타나 도우심으로 말미암아 내 하나님을 여전히 찬송하리로라" (시 43:5)

나를 낙심과 절망으로 밀어 넣으려고 하는 악한 영 사탄 마귀야! 나사렛 예수 그리스도의 이름으로 대적하노니 지금 즉시 내게서 떠나갈지어다.

나는 나의 생활이 어렵고 힘들다고 하여 낙심하지 않을 것이다. 내가 하고 있는 일이 뜻대로 되지 않는다고 하여 실족하지 않을 것이다. 시련과 아픔이 내게 엄습할지라도 절망하지 않을 것이다. 더욱 주님을 힘써서 찾음으로 믿음으로 승리하겠노라!

악한 영 사탄 마귀야! 나는 너에게 삶의 주도권을 절대로 빼앗기지 않겠노라! 내 생각과 마음과 정서를 절대로 너에게 내어주지 않겠노라! 하나님의 말씀으로 전신 갑주를 입노라! 성령의 능력으로 보호막을 치노라!

찬하만국의 모든 권세를 가지고 다스리시는 예수님의 이름으로 너를 대적하며 명령하노니 지금 즉시 항복을 선언하고 내게서 물러갈지어다. 더 이상 내게 틈타지 말지어다. 너의 모든 활동을 나사렛 예수 그리스도의 이름으로 봉쇄하노라! 영원히 꺼지지 않는 지옥불로 떨어질지어다.

이제 하나님의 자녀의 권세를 가진 나를 향하여 명령하며 선포하노라!

너는 예수님의 능력으로 강하게 될지어다. 너의 어두운 면이 밝아질지어다. 너의 약한 것이 강하게 될지어다. 긍정적으로 사고하는 능력이 뛰어날지어다. 한계를 뛰어넘는 믿음의 사람이 될지어다. 용기와 자신감으로 충만한 소망의 사람이 될지어다. 예수님의 피의 권세가 너를 주장하노라! 할렐루야!

예수 그리스도의 이름으로 기도합니다. 아멘

열등감아! 물러갈지어다

하나님의 군사로 세우는 능력의 말씀 •

"네가 내 눈에 보배롭고 존귀하며 내가 너를 사랑하였은즉 내게 네 대신 사람들을 내어주며 백성들이 네 생명을 대신하리니" (사 43:4)

나를 열등의식에 사로잡히게 하는 악한 영 사탄 마귀야! 나사렛 예수 그리스도의 이름으로 너를 대적하며 명령하노니 지금 즉시 내게서 떠나갈지어다.

너는 나를 자꾸만 다른 사람과 비교하는 습관에 사로잡히게 하여 삶에 대한 만족을 못 느끼도록 열등의식을 조장하고 있지만, 너는 내 생각과 마음과 정신을 절대 주장하지 못하노라!

악한 영 사탄 마귀야! 너는 나의 생각과 마음과 정신을 혼란스럽게 하여, 예수 그리스도 안에서 나에게 주어진 삶의 가치와 비전을 흔들지 말지어다. 부정적인 생각에 사로잡히게 하여서 삶에 대한 회의를 갖게 하지 말지어다.

내 생각과 마음과 정신을 주장하시고, 나를 나보다 더 사랑하고 계시는 예수 그리스도의 이름으로 너를 대적하노니, 악한 영 사탄 마귀야! 지금 즉시 묶임을 받고 내게서 떠나갈지어다.

나는 절대로 너의 간계에 걸려들어서 열등감에 사로잡히지 않겠노라! 상대적인 박탈감에 빠지지도 않겠노라! 방황하거나 자괴감에 빠지지도 않겠노라!

내게 새 생명을 주신 예수 그리스도 안에서 스스로의 가치를 인정하며 하나님께만 소망을 두고 당당하게 살아가겠노라!

나는 사도 바울과 같이 어떤 형편에 처하든지 내게 능력 주시는 자 안에서 모든 것을 할 수 있는 일체의 비결을 배우는 삶을 살아가겠노라! 할렐루야!

예수 그리스도의 이름으로 기도합니다. 아멘

유혹아! 물러갈지어다

하나님의 군사로 세우는 능력의 말씀 •·······································

"오직 각 사람이 시험을 받는 것은 자기 욕심에 끌려 미혹됨이니 욕심이 잉태한즉 죄를 낳고 죄가 장성한즉 사망을 낳느니라" (약 1:14,15)

나를 온갖 것으로 유혹하여 믿음에서 멀어지게 하려는 악한 영 사탄 마귀야! 나사렛 예수 그리스도의 이름으로 너를 대적하며 명령하노니 지금 즉시 내게서 떠나갈지어다.

너는 에덴동산의 아담과 하와를 교묘한 말로 유혹하여 하나님의 저주 아래 놓이게 하더니, 지금도 그 방법으로 나를 유혹하여 죄에게 종노릇하는 인생이 되게 하려고 하느냐!

어둠의 권세 악한 영 사탄 마귀야! 너와 네 졸개들이 믿는 자의 영혼을 도둑질하려고 갈수록 극성을 부리고 있다는 것을 나는 알고 있노라! 믿는 자의 마음에 너의 왕국을 우뚝 세워 보려고 발버둥 치고 있다는 것을 나는 알고 있노라!

예수님의 이름의 권세와 능력으로 너를 대적하며 결박하노니 지금 즉시 묶임을 받고 내게서 떠나갈지어다. 너의 그 어떤 유혹도 예수님의 피로 속죄함을 받은 나에게는 통하지 않노라! 예수님의 영으로 새롭게 태어난 나에게는 절대로 통하지 않노라! 하나님의 말씀으로 너의 모든 유혹을 차단하노니 지금 즉시 물러갈지어다.

나는 너의 온갖 유혹이 바뀌어 고난이 된다 할지라도, 나는 결단코 넘어지지 않고 욥과 같은 믿음과 인내를 주님께 보여드리는 삶을 살아가겠노라!

악한 영 사탄 마귀야! 한 생명을 천하보다 귀하게 여기시는 우리 주님께서 말씀의 능력과 지혜로 나와 함께하시느니라. 너를 엄히 꾸짖어 명령하노니 지금 즉시 내게서 물러갈지어다. 할렐루야!

예수 그리스도의 이름으로 기도합니다. 아멘

불신아! 떠나갈지어다

하나님의 군사로 세우는 능력의 말씀 •······································

"내가 여호와께 아뢰되 주는 나의 주님이시오니 주 밖에는 나의 복이 없다 하였나이다" (시 16:2)

나의 생각과 마음에 불신을 주어 믿음에서 넘어지게 하려는 악한 영 사탄 마귀야! 나사렛 예수 그리스도의 이름으로 너를 대적하며 명령하노니 지금 즉시 내게서 떠나갈지어다.

악한 영 사탄 마귀야! 하와의 마음에 하나님에 대한 불신을 심어 넘어지게 하더니, 지금 나에게도 하나님을 불신하게 하여 믿음에서 넘어지게 하려느냐?

내가 지금 하나님의 자녀의 권세를 가지고 너를 엄히 꾸짖어 명령하노니 나의 생각과 마음과 영혼을 흔들지 말고 지금 즉시 물러갈지어다.

나는 내가 간절히 원하던 것이 이루어지지 않았다고 하여 하나님을 불신하지 않겠노라!

기도에 대한 응답이 더디다고 하여 하나님을 불신하지 않겠노라! 아무리 내 생활이 어렵고 힘들어도 나를 향하신 하나님의 사랑을 의심하지 않겠노라!

더럽고 추악한 영 사탄 마귀야! 은근슬쩍 하나님의 말씀을 위조하여 나를 시험하지 말지어다. 나를 위하는 척하면서 나를 넘어뜨리려고도 하지 말지어다. 예수님의 영, 성령이 내 생각과 마음과 영혼을 주장하고 계시노라!

너의 계획은 이미 다 공개되었으므로 더 이상 추악한 간계를 꾸미기 위하여 몸부림치지 말지어다. 너를 예수님의 이름으로 저주하노라! 예수님의 보혈로 너의 모든 계략을 녹여 없애노라!

간악한 영 사탄 마귀야! 내가 너를 대적하며 명령하노니 지금 즉시 결박을 받고 떠나갈지어다. 주는 나의 주님이시오니 주 밖에는 나의 복이 없음을 선포하노라! 할렐루야!

예수 그리스도의 이름으로 기도합니다. 아멘

미혹의 영아! 물러갈지어다

하나님의 군사로 세우는 능력의 말씀

"다른 이로써는 구원을 받을 수 없나니 천하사람 중에 구원을 받을 만한 다른 이름을 우리에게 주신 일이 없음이라 하였더라" (행 4:12)

많은 사람을 정상적인 믿음에서 멀어지게 하려는 미혹의 영 사탄 마귀야! 나사렛 예수 그리스도의 이름으로 너를 대적하며 명령하노니 지금 즉시 떠나갈지어다.

나는 네가 사람을 이용하여 영광을 받으려고 하는 것을 알고 있노라!

나는 네가 우상을 만들어 놓고 많은 사람을 미혹하여 경배를 받으려고 하는 것을 알고 있노라!

나는 네가 하나님의 말씀도 변조하여 그것을 믿게 함으로 너만 따르고 좇게 하려는 것을 알고 있노라!

거짓의 아비 사탄 마귀야! 너의 간계와 계략은 이미 만천하에 드러났으니, 더 이상 하나님이 받으실 영광을 가로채려 하지 말고 물러갈지어다. 더 이상 구원 받은 영혼들을 미혹하지 말고 지금 즉시 떠나갈지어다.

온 세계는 하나님의 것이며, 하나님의 주권 속에 있으며, 하나님의 뜻대로 움직여지고 있지를 않느냐!

미혹의 영 사탄 마귀야! 하나님이 잠시 허락하신 너의 권세가 영원한 줄 아느냐! 너의 권세가 이미 땅에 떨어졌으니 착각하지 말지어다. 너의 모든 더러운 계획들을 십자가에서 죽으시고 부활하신 예수 그리스도의 이름으로 파쇄하노니 항복하고 지금 즉시 영원히 떠나갈지어다.

예수님만이 구원이요, 길이요, 진리요, 생명임을 선포하노라! 할렐루야!

예수 그리스도의 이름으로 기도합니다. 아멘

충격아! 떠나갈지어다

하나님의 군사로 세우는 능력의 말씀 •
"내 영혼을 소생시키시고 자기 이름을 위하여 의의 길로 인도하시는도다" (시 23:3)

나에게 충격을 주어 마음과 정신을 힘들게 하는 사악한 영 사탄 마귀야! 나사렛 예수 그리스도의 이름으로 너를 대적하며 명령하노니 지금 즉시 내게서 떠나갈지어다.

너는 내게 충격을 주어 마음을 괴롭게 하고 정신을 혼란스럽게 하고 있지만, 너는 나를 하나님의 사랑에서 결단코 끊을 수 없음을 선언하노라!

너 사악한 영 사탄 마귀야! 하나님만을 의지하는 내 믿음이 흔들릴 줄 아느냐! 하나님만을 바라보는 내 신앙이 무너질 줄 아느냐!

너에게 있는 권세로 나를 더 큰 흑암 속으로 밀어 넣는다 할지라도 예수님의 권세, 예수님의 능력이 나를 주장하노라!

내가 믿는 하나님은 사망의 골짜기를 지날지라도 안전하게 보호하여 주시고 지켜 주시는 하나님이심을 확신하노라!

너 사악한 영 사탄 마귀야! 내가 지금 너의 악랄한 간계를 무력화하노라! 내 마음과 정신에 틈타서 왕노릇하려는 너의 계략을 금지하노라! 너를 대적하며 엄히 꾸짖어 명령하노니 지금 즉시 결박을 받고 내게서 떠나갈지어다.

너 사악한 영 사탄 마귀야! 나는 절대로 내 중심이 흔들리지 않을 것이다. 누구를 원망한다거나 하나님을 향하여 불평하는 말들을 쏟아내지도 않을 것이다. 나의 삶을 주장하시고 합력하여 선을 이루시는 하나님을 끝까지 바라보며 그분을 소망할 것을 선언하노라!

악한 영 사탄 마귀야! 너를 향하여 나사렛 예수 그리스도의 이름으로 명령하노니 지금 즉시 묶임을 받고 떠나갈지어다. 할렐루야!

예수 그리스도의 이름으로 기도합니다. 아멘

불만아! 떠나갈지어다

하나님의 군사로 세우는 능력의 말씀

"여호와는 나의 목자시니 내게 부족함이 없으리로다 그가 나를 푸른 풀밭에 누이시며 쉴 만한 물가로 인도하시는도다" (시 23:1,2)

나를 언제나 불만에 사로잡히게 하는 악한 영 사탄 마귀야! 나사렛 예수 그리스도의 이름으로 너를 대적하며 명령하노니 지금 즉시 내게서 떠나갈지어다.

너는 나를 온갖 불만 속에 사로잡히게 하여 정상적인생활을 하지 못하도록 훼방을 일삼고 있지만, 너의 간계와 계략을 예수 그리스도의 이름으로 차단하노라!

나는 예수 그리스도의 피로 말미암아 새롭게 거듭난 존재이다. 지난날, 죄 아래서 길들여졌던 잘못된 생각과 마음들은 성령의 불로 모두 다 소멸되었노라! 하나님의 지혜와 지식이 내 생각을 주장하노라! 예수 그리스도의 마음이 내 마음을 주장하노라!

악한 영 사탄 마귀야! 나의 마음과 의식에 온갖 불만을 심어놓고 삶의 불만을 조장하는 너의 간계와 계략을 예수님의 이름, 예수님의 능력으로 대적하며 물리치노니 지금 즉시 내게서 떠나갈지어다. 너의 모든 간계와 계략을 예수님의 피로 소멸하노라!

악한 영 사탄 마귀야! 나는 생명의 성령의 법으로 새롭게 되었음을 선포하노라! 나의 주인은 하나님의 아들 예수 그리스도이시다. 예수님이 나의 모든 삶을 주관하고 계심을 선언하노라!

지금 나를 향하여 명령하노니 날마다 가정생활, 사회생활, 직장생활, 신앙생활에 만족을 선포하며 살아갈지어다. 날마다 성령에 매여서 성령의 능력이 주도하는 삶이 될지어다. 할렐루야!

예수 그리스도의 이름으로 기도합니다. 아멘

짜증아! 떠나갈지어다

하나님의 군사로 세우는 능력의 말씀 •

"나는 마음이 온유하고 겸손하니 나의 멍에를 메고 내게 배우라 그리하면 너희 마음이 쉼을 얻으리니" (마 11:29)

나를 언제나 짜증에 사로잡히게 하는 악한 영 사탄 마귀야! 나사렛 예수 그리스도의 이름으로 너를 대적하며 명령하노니 지금 즉시 내게서 떠나갈지어다.

나의 신경을 예민하게 자극하여 사소한 일에도 짜증을 유발시키는 악한 영 사탄 마귀야! 예수님의 권세로 너를 대적하노니 지금 즉시 내게서 떠나갈지어다.

너는 지금 나의 생각과 감정을 네 마음대로 조종하려고 하고 있지만, 나는 예수님 안에서 새롭게 되었음을 선포하노라! 생명의 성령의 법이 나를 주장하노라!

지금 나의 의식과 자아와 초자아 위에 성령의 능력으로 보호막을 치노니 악한 영 사탄 마귀야! 지금 즉시 나에게서 떠나갈지어다.

신경을 자극하는 사소한 언어들, 마찰을 불러일으키는 불쾌한 감정들은 나에게서 뿌리 채 뽑히고 완전히 제거될지어다.

내 영혼아! 성령으로 충만하여 성령님에 의하여 감정의 컨트롤을 받는 삶이 될지어다.

더 이상 사소한 일에 짜증을 내거나, 발칵 역정을 내는 일에 휘둘리는 삶이 되지 말지어다. 짜증도 계속적으로 쌓이면 육체의 질병을 불러일으킬 수 있음을 잊지 말지어다. 짜증이 날 때 십자가 위에서 오래 참으신 주님을 바라볼지어다. 겸손하시고 온유하신 예수님을 닮아갈 수 있도록 마음을 쳐서 복종시키는 삶이 될지어다.

아무리 일에 치이고, 사람에게 치일지라도 예수님만 생각하면 평안을 누릴 수 있는 삶이 될지어다. 할렐루야!

예수 그리스도의 이름으로 기도합니다. 아멘

죄책감아! 떠나갈지어다

하나님의 군사로 세우는 능력의 말씀 •

"그러므로 이제 그리스도 예수 안에 있는 자에게는 결코 정죄함이 없나니 이는 그리스도 예수 안에 있는 생명의 성령의 법이 죄와 사망의 법에서 너를 해방하였음이라" (롬 8:1,2)

나를 죄책감에 사로잡히게 하는 악한 영 사탄 마귀야! 나사렛 예수 그리스도의 이름으로 너를 대적하며 명령하노니 지금 즉시 나에게서 떠나갈지어다.

너는 내 영혼이 계속 죄책감에 시달리도록 정죄하고 있으나, 나는 예수님의 피 예수님의 보혈로 죄 사함 받았음을 확신하노라!

우리 주님은 미쁘시고 의로우사 언제든지 나의 죄를 자백하면 모든 죄를 사해 주시며 깨끗하게 하여 주시는 분이심을 믿노라!

악한 영 사탄 마귀야! 나의 모든 죄를 사해 주시고 구속하여 주신 나사렛 예수 그리스도의 이름으로 대적하며 명령하노니 지금 즉시 묶임을 받고 내게서 떠나갈지어다.

하나님의 자녀의 권세를 가진 나에게는 죄가 더 이상 왕노릇할 수 없노라! 죄가 더 이상 나를 주장하지 못하노라! 죄가 더 이상 내 영혼을 정죄하지 못하노라!

나의 영혼은 이미 예수님의 것이요, 나의 몸은 성령께서 내주하고 계시노라! 나의 삶 전체는 성령께서 친히 주장하고 계시노라! 나는 예수 그리스도 안에서 생명의 성령의 법으로 새롭게 되었음을 선포하노라!

악한 영 사탄 마귀야! 예수님의 이름, 예수님의 능력으로 너를 엄히 꾸짖어 명령하노니 지금 즉시 결박을 받고 나에게서 떠나갈지어다. 부패한 옛 성품을 이용하여 더 이상 나를 넘어뜨리려하지 말고 지금 즉시 물러갈지어다. 나는 이미 속죄함을 받았으니 예수님의 이름의 권세와 능력으로 자유하게 되었음을 선포하노라! 할렐루야!

예수 그리스도의 이름으로 기도합니다. 아멘

불평아! 떠나갈지어다

하나님의 군사로 세우는 능력의 말씀

"범사에 감사하라 이것이 그리스도 예수 안에서 너희를 향하신 하나님의 뜻이니라" (살전 5:18)

나를 불평의 구렁텅이로 밀어 넣는 악한 영 사탄 마귀야! 나사렛 예수 그리스도의 이름으로 너를 대적하며 명령하노니 지금 즉시 내게서 떠나갈지어다.

나는 이제껏 형편과 처지를 바라보면서 불평하였던 것을 회개하노라! 감사보다는 불평을 앞세웠던 것을 진심으로 뉘우치며 용서함 받기를 원하노라! 불평을 앞세웠던 내 입술이 성령의 불로 지짐을 받아 감사가 넘치는 생활이 되기를 원하노라!

악한 영 사탄 마귀야! 이제 나는 불평하는 사람이 되기보다는 언제나 감사의 사람이 되기를 다짐하노니 너는 지금 즉시 결박을 받고 내게서 떠나갈지어다.

나의 생활 가운데 부정적으로 인식되고 각인된 모든 것을 예수 그리스도의 이름으로 끊어버리노라! 네가 비집고 들어오려고 하는 부정적인 통로들을 예수 그리스도의 이름으로 차단하노라!

악한 영 사탄 마귀야! 네가 더 이상 나에게서 활개치지 못하도록 말씀의 검으로 내 생각과 마음을 지키노니, 지금 즉시 항복하고 떠나갈지어다. 네가 더 이상 나를 주장하지 못하도록 내 삶을 성령의 화염검으로 두르노니 너는 지금 즉시 묶임을 받고 떠나갈지어다.

나는 항상 기쁨으로 주님께 영광 돌리는 삶을 살겠노라! 나는 항상 주님의 보좌 앞을 감사의 향기로 진동시킬 수 있는 복된 삶을 살겠노라!

악한 영 사탄 마귀야! 예수님의 능력으로 박멸하노니 내게서 떠나갈지어다. 할렐루야!

예수 그리스도의 이름으로 기도합니다. 아멘

상처야! 씻겨질지어다

하나님의 군사로 세우는 능력의 말씀 •
"너희 안에 이 마음을 품으라 곧 그리스도 예수의 마음이니"
(빌 2:5)

　내 마음에 상처가 지워지지 못하게 가로막고 있는 악한 영 사탄 마귀야! 나사렛 예수 그리스도의 이름으로 너를 대적하며 명령하노니 지금 즉시 내게서 떠나갈지어다.
　너는 내가 받은 상처와 아픔만큼 누군가를 원망하고, 미워하며, 증오하고 저주하면서 살기를 원하고 있겠지만, 나는 어떤 상황에 놓이든지 예수님의 마음을 품고 살기로 작정하였노라! 그분의 사랑과 평안이 내 속에서 나를 주장하기를 원하노라!
　나의 마음을 상처로 얼룩지게 하여 고통과 괴로움으로 밀어 넣는 악한 영 사탄 마귀야! 예수님의 이름, 예수님의 능력으로 너를 대적하며 물리치노니 지금 즉시 내게서 떠나갈지어다.

　너의 힘과 권세를 예수님의 권세로 박멸하고 무력화시키노라! 너를 엄히 꾸짖어 명령하노니 지금 즉시 묶임을 받고 떠나갈지어다.

　내가 누군가로부터 상처를 받을 수 있는 것처럼 나도 누군가에게 상처를 줄 수 있는 존재라는 것을 다시금 깨닫고 감사하노라! 내 마음이 아플 수 있는 것처럼 누군가도 나로 인하여 아픔을 겪을 수 있는 것을 생각하며 용서와 회개의 기도를 드리노라!

　나의 영혼아! 나의 상한 마음과 상처 받은 영혼은, 참 좋은 친구이신 예수님이 치유하여 주실 것을 확신하노라! 그분의 보혈의 피로 깨끗이 씻어 주시고 낫게 하여 주실 것을 확신하노라! 할렐루야!

　예수 그리스도의 이름으로 기도합니다. 아멘

핑계야! 물러갈지어다

하나님의 군사로 세우는 능력의 말씀

"너희는 이 세대를 본받지 말고 오직 마음을 새롭게 함으로 변화를 받아 하나님의 선하시고 기뻐하시고 온전하신 뜻이 무엇인지 분별하도록 하라" (롬 12:2)

나에게 핑계할 마음을 갖게 만드는 악한 영 사탄 마귀야! 나사렛 예수 그리스도의 이름으로 너를 대적하며 명령하노니 지금 즉시 내게서 떠나갈지어다.

너는 나를 핑계만 자꾸 앞세우게 하여 적극적인 신앙의 단계로 나아가지 못하도록 훼방하고 있지만, 이제는 더 이상 하나님의 자녀 됨을 망각하는 삶이 되지 않기를 다짐하노라! 주님의 나라와 그 의를 구하는 삶이 되기를 다짐하노라! 나를 향하신 하나님의 뜻하심과 계획하심을 이루는 삶이 되기를 간절히 소망하노라!

나를 비정상적인 신앙으로 밀어 넣는 악한 영 사탄 마귀야! 예수님의 이름, 예수님의 권세로 너를 대적하노니 지금 즉시 묶임을 받고 내게서 떠나갈지어다.

내 생각과 마음과 의지와 이성에서 떠나갈지어다. 내 자아와 정신과 육체와 영혼에서 떠나갈지어다. 너의 모든 힘과 능력을 예수님의 능력으로 박멸하노라! 너의 모든 권세를 성령의 권능으로 무력화시키노라!

이 저주받은 영 사탄 마귀야! 내게서 영원히 사라질지어다.

이제 나를 향하여 선포하노니 더 이상 마귀에게 이용당하는 육에 속한 사람이 되지 말지어다. 신령한 것을 좇아 행할 수 있는 성령의 사람이 될지어다. 성령의 아홉 가지 열매를 맺으며 죽도록 충성할 수 있는 사람이 될지어다. 너는 땅에 속한 사람이 아닌 하늘에 속한 사람임을 잊지 말지어다. 할렐루야!

예수 그리스도의 이름으로 기도합니다. 아멘

음란아! 떠나갈지어다

하나님의 군사로 세우는 능력의 말씀 •·········
"그러므로 땅에 있는 지체를 죽이라 곧 음란과 부정과 사욕과 악한 정욕과 탐심이니 탐심은 우상숭배니라" (골 3:5)

나를 음란한 생각들로 어지럽히는 악한 영 사탄 마귀야! 나사렛 예수 그리스도의 이름으로 너를 대적하노니 지금 즉시 내게서 떠나갈지어다.

나는 네가 온갖 악하고 추악한 방법을 다 동원하여 사람들의 마음과 정신과 건강을 피폐하게 만들고, 정상적인 삶을 망가뜨리고 있는 존재라는 것을 익히 알고 있노라!

악한 영 사탄 마귀야! 너는 나를 음란한 생각으로 사로잡으려 하지 말지어다. 나의 주변에 음란한 환경을 조성하여 음란에 빠뜨리려고 충동질하지 말지어다.

악한 영 사탄 마귀야! 너의 간계와 계략을 말씀의 검으로 잘라버리고, 성령의 불로 소멸하노니 지금 즉시 결박을 받고 내게서 떠나갈지어다.

내 생각과 마음과 정신에 예수님의 보혈로 보호막을 치노라! 나의 감정과 의식과 정서에 성령의 주장하심을 작동시키노라!

나에게 음란을 부추기는 모든 환경을 예수님의 이름으로 차단하노라! 인터넷과 스마트폰을 통한 모든 음란 영상물들과 채팅들을 예수님의 능력으로 단호히 끊어버리노라! 순간순간 떠오르는 야한 생각들도 능력의 말씀으로 단호히 지워버리노라! 음란한 말들을 주고받으며 즐겼던 모든 악한 행실도 성령의 불로 태워버리노라!

악한 영 사탄 마귀야! 너는 더 이상 더럽고 추악한 방법으로 내 생각과 마음을 주장하려고 하지 말지어다. 예수님의 이름으로 너를 추방하노니 묶임을 받고 내게서 영원히 떠나갈지어다. 할렐루야!

예수 그리스도의 이름으로 기도합니다. 아멘

마음의 치유를 위한 대적 선포기도문

포기야! 물러갈지어다

하나님의 군사로 세우는 능력의 말씀 •
"눈물을 흘리며 씨를 뿌리는 자는 기쁨으로 거두리로다"
(시 126:5)

나에게 항상 연약함을 주어 포기하게 하는 악한 영 사탄 마귀야! 나사렛 예수 그리스도의 이름으로 너를 대적하며 명령하노니 지금 즉시 내게서 떠나갈지어다.

너는 내가 무엇을 하려고 마음먹기만 하면 "너는 안 된다, 할 수 없다, 불가능하다"고 속삭이며 자신감을 떨어뜨리려하고 있지만, 너는 더 이상 내 생각과 마음과 의지를 주장할 수 없음을 선포하노라!

악한 영 사탄 마귀야! 하나님의 자녀의 권세를 가지고 너를 대적하며 명령하노라!

"할 수 있거든이 무슨 말이냐 믿는 자에게는 능히 하지 못할 일이 없느니라"(막9:23)는 주님의 말씀으로 너의 모든 간계를 파쇄하노니 떠나갈지어다.

"포기하지 아니하면 때가 이르매 거두리라"(갈6:9)는 주님의 말씀으로 너의 모든 계략을 무너뜨리노니 지금 즉시 물러갈지어다.

악한 영 사탄 마귀야! 내 몸에는 예수님의 흔적을 지니고 있노라!(갈 6:17) 오늘 나의 삶 전체 위에 너의 출입을 영원히 금지하노니, 너는 더 이상 나를 시험하지 말고 내게서 영원히 사라질지어다.

나는 십자가로 너의 머리를 짓밟고 깨뜨려서 승리를 보여 주신 예수 그리스도를 바라보며 최후 승리를 얻기까지 달려가겠노라!

이제 내 자신을 향하여 나사렛 예수 그리스도의 이름으로 명령하며 선포하노라! 의욕과 자신감이 회복될지어다. 용기와 의욕으로 충만할지어다. 더 크게 생각하고 더 멀리 볼 수 있는 믿음의 사람이 될지어다. 할렐루야!

예수 그리스도의 이름으로 기도합니다. 아멘

불행아! 떠나갈지어다

하나님의 군사로 세우는 능력의 말씀 •
"생각하건대 현재의 고난은 장차 우리에게 나타날 영광과 족히 비교할 수 없도다" (롬 8:18)

내 자신이 불행하다는 생각을 떨쳐버리지 못하게 하는 악한 영 사탄 마귀야! 나사렛 예수 그리스도의 이름으로 너를 대적하며 명령하노니 지금 즉시 내게서 물러갈지어다.

나는 네가 나의 생각과 마음과 정신 속에 괴로움과 낙심과 불만족과 불안과 불평과 원망과 부정적인 생각과 슬픔과 열등감과 의욕상실과 좌절감과 자기비하의 씨앗들을 뿌려놓아 행복을 잊어버리게 하는 주범이라는 것을 갈파하고 있노라!

악한 영 사탄 마귀야! 나는 어떤 형편에 처하든지 자족하기를 배웠으니 (빌 4:11), 너는 내 삶을 주장할 수 없음을 선언하노라! 나를 불행한 삶으로 밀어 넣으려는 너의 공격용 무기들을 십자가 앞에 던져 버리고 지금 즉시 항복하고 내게서 떠나갈지어다.

나는 이 세상의 그 무엇과도 비교할 수 없는 하나님의 큰 축복을 받았노라! 너는 나를 시기하고 질투하여 넘어뜨리려고 하고 있지만, 나를 하나님의 사랑에서 결단코 끊을 수 없음을 선포하노라! (롬8:28,39)

지옥의 무저갱으로 떨어지게 될 악한 영 사탄 마귀야! 이 세상에 속한 것은 그 무엇으로도 결코 행복질 수 없음을 내가 모르는 줄 아느냐! 사람이 떡으로만 사는 것이 아니라, 하나님의 입에서 나오는 말씀으로 사는 것임을 내가 모르는 줄 아느냐(눅 4:4)!

너를 예수님의 이름으로 대적하며 물리치노니 지금 즉시 결박을 받고 내게서 떠나갈지어다. 나는 오직 예수님 안에서 만족한 삶을 살기를 선포하노라! 할렐루야!

예수 그리스도의 이름으로 기도합니다. 아멘

그가 네 모든 죄악을 사하시며 네 모든 병을 고치시며
네 생명을 파멸에서 속량하시고
인자와 긍휼로 관을 씌우시며
좋은 것으로 네 소원을 만족하게 하사
네 청춘을 독수리 같이 새롭게 하시는도다

시편 103편 3 ~ 5절

2부

육체의 치유를 위한
대적 선포 기도문

질병아! 사라질지어다

하나님의 군사로 세우는 능력의 말씀

"이는 선지자 이사야를 통하여 하신 말씀에 우리의 연약한 것을 친히 담당하시고 병을 짊어지셨도다 함을 이루려 하심이더라" (마 8:17)

내가 나사렛 예수 그리스도의 이름으로 엄히 명하노니, 내 몸을 괴롭히는 질병아 내게서 떠나갈지어다.

예수 그리스도께서 친히 죄와 사망의 권세를 짊어지시고 십자가에 못 박히심으로 나의 영과 육이 자유를 얻었으니, 지금 내 몸속에서 왕노릇하려고 하는 질병 덩어리야 속히 내 몸속에서 사라질지어다.

사탄아!

네가 나를 질병으로 묶어 놓고 위협한다 할지라도 내 믿음은 결단코 흔들리지 않을 것이다. 나의 감정과 생각도 절대로 요동하지 않을 것이다. 그러니 어서 속히 더러운 질병을 안고 내게서 떠나갈지어다.

나사렛 예수 그리스도의 이름으로 명령하노니 질병으로 고통 받았던 신체의 모든 부위도 정상으로 회복될지어다. 막힌 것이 뚫어지고 뭉친 것이 풀어지는 역사가 있을지어다.

마음과 정신을 약하게 만들었던 스트레스도 나사렛 예수 그리스도의 이름으로 명령하노니 물러갈지어다.

더러운 병균을 이길 면역체가 더 많이 생성되어 신체와 정신과 마음의 모든 기능에 활력이 넘치기를 선포하노라!

나의 온몸이 나사렛 예수 그리스도의 보혈의 능력으로 깨끗이 치료되었음을 선포하노라!

할렐루야!

예수 그리스도의 이름으로 기도합니다. 아멘

위암아! 녹아질지어다

하나님의 군사로 세우는 능력의 말씀

"예수께서 들으시고 이르시되 이 병은 죽을 병이 아니라 하나님의 영광을 위함이요 하나님의 아들이 이로 말미암아 영광을 받게 하려 함이라 하시더라" (요 11:4)

내가 만병의 의원이신 나사렛 예수 그리스도의 이름을 의지하여 기도합니다.

내 위장 속에서 생명을 갉아먹고 있는 암 덩어리야!

더 이상 활동을 중단하고 내 몸속에서 떠나갈지어다.

나의 영과 육은 예수님이 당신의 피로 값 주고 사신 것이니, 네가 주장할 수 없음을 선포하노라. 너를 나사렛 예수 그리스도의 이름으로 대적하노니 지금 즉시 내 몸속에서 사라질지어다.

이 기생충 같은 더러운 암 덩어리야!

더 이상 내 몸속에서 정상 세포를 죽이는 사악한 짓을 중단하고 물러갈지어다.

이 더러운 암 덩어리야!

너는 생명을 주장할 수 없는 존재가 아니냐! 너는 하나님께 속한 생명을 함부로 해할 수 없는 존재가 아니냐!

예수님의 이름의 권세를 가지고 너를 꾸짖어 명령하노니 지금 즉시 예수의 피로 녹아져서 내 몸속에서 흔적도 없이 사라질지어다. 성령의 불로 태워져서 내 몸속에서 영원히 죽은 존재가 될지어다.

너의 모든 힘을 나사렛 예수 그리스도의 이름으로 무력화시키노라!

너의 힘을 성령의 능력으로 박멸하노라! 내 몸 속에서 완전히 제거되어 다시는 내 몸을 묶지 않기를 선포하노라!

할렐루야!

예수 그리스도의 이름으로 기도합니다. 아멘

우울증아! 떠나갈지어다

하나님의 군사로 세우는 능력의 말씀 •

"우리의 씨름은 혈과 육을 상대하는 것이 아니요 통치자들과 이 어둠의 세상 주관자들과 하늘에 있는 악의 영들을 대함이라" (엡 6: 12)

나사렛 예수 그리스도를 의지하여 기도하노니, 내 감정을 무겁게 하고 삶에 대한 의욕을 무너뜨리는 어둠의 세력아!

내게서 떠나갈지어다.

마음과 생각과 육신을 짓누르고 있는 악한 권세야! 예수 그리스도의 이름으로 명령하노니 내게서 물러갈지어다.

더 이상 내 사고와 행동에 영향을 주어, 나를 고통스럽게 하고 힘들게 하지 말고 내게서 영원히 추방될지어다.

슬픈 감정, 좌절감, 죄책감, 고독감, 비존재감, 허무감, 절망감 같은 고통스런 정서는 사탄이 주는 것이니, 나사렛 예수 그리스도의 이름으로 너를 대적하며 결박하노라.

엄히 꾸짖고 명령하노니 지금 즉시 내게서 물러갈지어다.

나는 하늘과 땅의 모든 권세를 가지신 주님의 자녀이니, 너를 결박하고 지배할 수 있는 권세도 내게 있음을 기억할지어다.

패배자인 사탄아!

나는 너에게 종노릇하며 휘둘릴 인생이 아님을 명심할지어다.

어둠을 물리치신 예수 그리스도의 능력이 나와 함께하시니, 이제는 더 이상 고통스런 정서가 나를 지배하지 못할 것이다. 영적으로, 정신적으로, 신체적으로, 건강함을 유지하는 주의 거룩한 백성이 될 것이다.

어둠의 세력아! 사탄의 간계야!

내게서 영원히 사라질지어다. 할렐루야!

예수 그리스도의 이름으로 기도합니다. 아멘

중풍아! 떠나갈지어다

하나님의 군사로 세우는 능력의 말씀

"그러나 인자가 세상에서 죄를 사하는 권능이 있는 줄을 너희로 알게 하려 하노라 하시고 중풍병자에게 말씀하시되 일어나 네 침상을 가지고 집으로 가라 하시니 그가 일어나 집으로 가거늘" (마 9: 6,7)

죽은 자도 살리신 나사렛 예수 그리스도의 이름으로 기도하노니, 뇌의 기능을 마비시킨 중풍병아!

내게서 떠나갈지어다.

생명의 피, 나사렛 예수 그리스도의 보혈이 내 몸속에 흐르고 있노라!

나사렛 예수 그리스도의 보혈의 능력이 나를 주장하고 있노라!

네가 나를 주장하지 못하노니 즉시 내게서 물러갈지어다.

나를 질병으로 묶어 놓으려는 사탄 마귀의 간계인 것을 내가 모를 줄 아느냐!

나의 몸을 괴롭게 하여 하나님을 원망하게 하려는 사탄 마귀의 계책임을 내가 모를 줄 아느냐!

나를 위해서 십자가에서 죽으시고 부활하신 예수 그리스도의 이름으로 너를 대적하며 명령하노니 내게서 떠나갈지어다.

누가 나를 그리스도의 사랑에서 끊을 수 있으랴! 환난이나 곤고나 박해나 기근이나 적신이나 위험이나 칼이랴!

사탄 마귀야!

너는 내 육신을 거꾸러뜨리고 묶어 놓을지라도, 내 영혼을 빼앗지는 못할 것이다. 나는 나사렛 예수의 이름으로 다시 일어나 걸을 것이다! 걷기도 하며 뛰기도 할 것이다!

이 저주 받은 사탄 마귀야!

나사렛 예수 그리스도의 이름으로 다시 한 번 너를 꾸짖고 엄히 명하노니 내게 있는 질병을 갖고 어서 속히 떠나갈지어다.

할렐루야!

예수 그리스도의 이름으로 기도합니다. 아멘

고혈압아! 물러갈지어다

하나님의 군사로 세우는 능력의 말씀 •

"오직 여호와를 앙망하는 자는 새 힘을 얻으리니 독수리가 날개치며 올라감 같을 것이요 달음박질하여도 곤비하지 아니하겠고 걸어가도 피곤하지 아니하리로다" (사 40:31)

뒷목을 뻐근하게 하고 머리를 아프게 하는 병마야!

내가 네게 나사렛 예수 그리스도의 이름으로 명령하노니 묶임을 받고 떠나갈지어다.

지금 나의 신체와 정신에 연약함을 주어 나를 넘어뜨리려 하고 있지만, 나는 하나님의 자녀의 권세를 가졌노라!

땅에서 무엇이든지 매면 하늘에서도 매이고, 땅에서 무엇이든지 풀면 하늘에서도 풀리는 천국의 열쇠가 내게 있는 줄 모르느냐!

병마야! 너는 나를 주장하지 못하노니 영원히 내게서 사라질지어다.

나는 사탄을 결박할 수 있는 권세를 가졌노라! 귀신을 내어 쫓을 수 있는 권세를 가졌노라! 하늘과 땅의 모든 권세가 예수님께 있고, 나에게 있노라!

이 더럽고 추악한 병마야!

나사렛 예수 그리스도의 이름으로 너를 결박하노니, 지금 즉시 묶임을 당하고 내게서 떠나갈지어다.

나는 예수의 피로 새롭게 된 존재이다. 나는 예수의 심장을 가졌노라!

나는 만왕의 왕이신 예수님의 종이지 질병에 종노릇 하는 존재가 아니다.

나사렛 예수 그리스도의 이름으로 너의 힘을 박멸하노라! 너의 힘을 무력화시키노라!

이 저주 받은 병마야!

내게서 영원히 떠나갈지어다. 영원히 사라질지어다. 할렐루야!

예수 그리스도의 이름으로 기도합니다. 아멘

당뇨병아! 사라질지어다

하나님의 군사로 세우는 능력의 말씀 •·················
"나의 영혼이 눌림으로 말미암아 녹사오니 주의 말씀대로 나를 세우소서" (시 119:28)

인슐린이 빠져나가 신체의 면역력을 떨어뜨리는 병마야!

내가 네게 나사렛 예수 그리스도의 이름으로 명령하노니 묶임을 받고 떠나갈지어다.

조상에게서 유전된 이 병마야!

이제는 내 몸을 그만 괴롭히고 그만 상하게 할지어다. 나의 이전 것은 모두 지나갔고, 나는 예수 그리스도의 보혈의 피로 새롭게 된 피조물이다.

조상에게서 유전되는 모든 병마의 사슬을 예수의 피, 예수의 보혈로 과감히 끊어버리고 제거해 버리노라!

더 이상 내 몸에서 너를 주장하지 말지어다. 내 몸을 너의 더러운 질병 덩어리로 오염시키지 말지어다.

육신의 목마름은 주님을 향한 은혜의 샘물로 대신할 것이며, 상함과 지친 마음도 주님의 안식과 위로로 대신할 것이다.

예수의 피, 예수의 보혈이 나를 깨끗하게 하였으니, 이 더러운 병마야! 내 몸에 두른 질병의 사슬을 풀고 속히 떠나갈지어다.

이제 내 몸은 예수 그리스도의 능력으로 건강해질 것이다. 연약해졌던 신체의 모든 부위는 강해지는 역사가 일어날 것이다. 눌렸던 곳마다 자유함을 입을 것이다.

그동안 내 몸을 괴롭혔던 병마야!

내 마음과 몸과 정신에서 완전히 제거될지어다. 내게서 영원히 떠나갈지어다.

할렐루야!

예수 그리스도의 이름으로 기도합니다. 아멘

만성피로야! 떠나갈지어다

하나님의 군사로 세우는 능력의 말씀 •

"너는 알지 못하였느냐 듣지 못하였느냐 영원하신 하나님 여호와, 땅 끝까지 창조하신 이는 피곤하지 않으시며 곤비하지 않으시며 명철이 한이 없으시며 피곤한 자에게는 능력을 주시며 무능한 자에게는 힘을 더하시나니" (사 40:28,29)

삶의 의욕을 잃어버리게 하고, 지루함과 권태에 빠지게 하는 병마야!

나를 위해 십자가에서 죽으시고 부활하신 예수 그리스도의 이름으로 너를 대적하며 명령하노니 내게서 떠나갈지어다.

네가 나를 넘어뜨리기 위해서 피로로 내 육신과 정신을 공격하고 있지만, 너는 피로 값 주고 사신 하나님의 자녀를 넘어뜨릴 수 없는 존재이니 내게서 속히 떠나갈지어다.

나사렛 예수 그리스도의 이름으로 네게 선포하노니 더 이상 내게 접근하려고 발버둥치지 말지어다.

예수의 피, 예수의 보혈이 내 영혼과 육을 겹겹이 두르고 있노라!

내 영혼아!

나사렛 예수 그리스도의 이름으로 선포하노니 더 이상 피로에 젖어들지 말지어다.

육체적 정신적으로 탈진하지 말지어다. 권태감이나 지루함에 시달리지 말지어다. 열등감이나 우월의식에서도 놓임을 받을지어다.

신체와 정신과 마음에 이상을 주는 스트레스는 나사렛 예수 그리스도의 이름으로 명하노니 물러갈지어다.

성령의 능력으로 말미암아 너의 속사람이 강건하게 되기를 예수 그리스도의 이름으로 선포하노라!

할렐루야!

예수 그리스도의 이름으로 기도합니다. 아멘

불면증아! 물러갈지어다

하나님의 군사로 세우는 능력의 말씀 •······················
"네가 누울 때에 두려워하지 아니하겠고 네가 누운즉 네 잠이 달리로다" (잠 3:24)

잠자기를 원하는 자에게서 잠을 빼앗아 가고, 비정상적으로 활동하게 하는 병마야!

나사렛 예수 그리스도의 이름으로 엄히 꾸짖고 명령하노니 묶임을 받고 내 마음과 육체와 정신에서 떠나갈지어다.

밤마다 내 정신을 복잡하게 하여 잠을 못 이루게 하는 것은 분명한 사탄 마귀의 간계란 것을 알고 있으니, 너의 권세는 이미 예수 그리스도의 십자가와 부활로 파쇄되었음을 선포하노라.

네가 아무리 내 영혼을 삼키려고 몸부림칠지라도 예수 안에 있는 내 영혼을 네가 어찌 삼킬 수 있으랴!

졸지도 아니하시고 주무시지도 아니하시는

하나님이 내 영혼을 지키고 계시니, 네가 어찌 내 영혼을 빼앗을 수 있으랴!

나사렛 예수 그리스도의 이름으로 너를 저주하고 추방하노니 지금 당장 내게서 물러갈지어다.

악한 영, 원수 마귀야!

네가 심어 놓는 긴장도 추방하노라!

걱정과 근심도 추방하노라!

불안과 초조도 추방하노라!

이제 나는 내 영혼을 새롭게 하시는 주님의 은혜로 단잠을 잘 수 있다. 깊은 잠을 잘 수 있다. 수면제도 의지하지 않을 것이고, 신경정신과를 찾아가지도 않을 것이다. 내 영혼을 보호하시고 지키시는 하나님을 찬양하노라!

할렐루야!

예수 그리스도의 이름으로 기도합니다. 아멘

알레르기야! 없어질지어다

하나님의 군사로 세우는 능력의 말씀 •······················

"믿음의 기도는 병든 자를 구원하리니 주께서 그를 일으키시리라 혹시 죄를 범하였을지라도 사하심을 받으리라"
(약 5:15)

환절기마다 찾아와서 콧물과 코막힘과 재치기로 내 몸을 괴롭히고 있는 병마야!

나사렛 예수 그리스도의 이름으로 엄히 꾸짖고 명령하노니 내 몸에서 떠나갈지어다.

지금 내 몸에서 가장 약한 부분을 비집고 들어와 나의 일상생활을 힘들게 하는 병마야! 나사렛 예수 그리스도의 이름으로 너의 힘을 박멸하노라! 더러운 질병을 가져다 주는 너의 권세를 무력화시키노라!

더러운 병마야!

나는 너를 예수의 피, 예수의 보혈로 대적하노라! 너의 주 무기인 바이러스가 예수의 피로 완전히 소멸되며, 흔적도 없이 사라질지어다.

더러운 병마야!

너를 철저히 거부하노라! 나는 너를 철저히 거절하노라!

이제 나사렛 예수 그리스도의 이름으로 내 몸을 향하여 명령하노니, 건강한 면역체가 생성될지어다. 몸의 자생력이 더욱 더 강화될지어다.

그리하여 코 안의 가려움증이 없어질지어다. 흐르는 콧물이 멈출지어다. 코 막힘 현상도 없어질지어다. 목이 따가운 현상도 사라질지어다.

내 몸이 정상적으로 작동하기를 선포하노라!

나는 깨끗이 나음을 입었노라! 예수님의 보혈의 능력으로 건강해졌노라!

할렐루야!

예수 그리스도의 이름으로 기도합니다. 아멘

무기력증아! 물러갈지어다

하나님의 군사로 세우는 능력의 말씀 •
"여호와는 나의 빛이요 나의 구원이시니 내가 누구를 두려워하리요 여호와는 내 생명의 능력이시니 내가 누구를 무서워하리요" (시 27:1)

더 없이 작아 보이게 만들고, 무능력하게 느껴지게 하는 병마야!

나사렛 예수 그리스도의 이름으로 네게 명령하노니 내게서 떠나갈지어다.

내 자신을 자책하게 만들고, 스스로를 인정하지 못하게 만드는 병마야!

너를 엄히 꾸짖고 명령하노니 결박을 받고 내게서 떠나갈지어다.

더 이상 부정적인 말로 나를 낙담시키지 말지어다. "너는 할 수 없어!", "너는 해도 안돼!" 속삭이지 말지어다.

내가 믿는 하나님은 잘되게 하시는 하나님이시다. 내가 발전하고 성장할 수 있도록 새 힘을 주시고 새 능력을 부어주시는 하나님이

시다.

나는 하나님의 자녀의 권세를 가졌노라! 예수님의 이름의 권세가 나를 주장하고 있노라!

내 마음과 몸과 정신을 약하게 만드는 병마야! 예수 이름의 권세를 앞세워 너를 대적하노니 내게서 떠나갈지어다. 너를 철저히 거부하노니 내 마음과 몸과 정신에서 완전히 소멸되어 없어질지어다.

나사렛 예수 그리스도의 이름으로 나에게 명령하노라!

마음과 몸과 정신의 모든 기능이 정상적으로 회복될지어다. 나는 나음을 입었도다! 새롭게 되었도다!

할렐루야!

예수 그리스도의 이름으로 기도합니다. 아멘

간경화(암)야! 소멸될지어다

하나님의 군사로 세우는 능력의 말씀 •

"내가 확신하노니 사망이나 생명이나 천사들이나 권세자들이나 현재 일이나 장래 일이나 능력이나 높음이나 깊음이나 다른 어떤 피조물이라도 우리를 우리 주 그리스도 예수 안에 있는 하나님의 사랑에서 끊을 수 없으리라" (롬 8:38,39)

"여호와의 인자하심과 인생에게 행하신 기적으로 말미암아 그를 찬송할지로다" (시 107:21) 할렐루야!

지금 내 간의 정상적인 기능을 막고 파괴하고 있는 병마야! 나사렛 예수 그리스도의 이름으로 너를 대적하며 명령하노니 내게서 떠나갈지어다.

너는 지금 내 신체를 무너뜨려 내 믿음도 무너지게 하려고 계책을 꾸미고 있지만, 나는 이미 예수님의 보혈의 능력으로 하나님의 자녀의 권세를 가진 자가 되었도다. 그 어떤 계략으로도 나를 그리스도의 사랑에서 끊을 수 없음을 선언하노라!

나를 당신의 생명과 맞바꾼 예수 그리스도

의 사랑이 나의 영혼을 보호하고 있노라!

이 더러운 병마야!

나사렛 예수 그리스도의 이름으로 너를 대적하노니 내게서 물러갈지어다. 너를 엄히 꾸짖고 결박하노니 묶임을 받고 떠나갈지어다.

나의 간세포를 망가지게 하는 더러운 병균아! 지금 즉시 너의 사망을 받아들이고 소멸될지어다.

예수님의 보혈의 피로 망가진 세포가 살아나며, 간의 모든 기능이 정상적으로 작동될 것을 선포하노라!

건강한 면역체가 더 많이 생성되어 나쁜 병균을 능히 대적할 것을 선포하노라!

나는 나음을 입었노라!

할렐루야!

예수 그리스도의 이름으로 기도합니다. 아멘

디스크야! 사라질지어다

하나님의 군사로 세우는 능력의 말씀

"내가 애굽 사람에게 내린 모든 질병 중 하나도 너희에게 내리지 아니하리니 나는 너희를 치료하는 여호와임이라"
(출 15:26)

지금 내 허리를 고통스럽게 하여 일상생활을 힘들게 하는 병마야!

나사렛 예수 그리스도의 이름으로 명령하노니 내게서 떠나갈지어다.

부활과 생명의 주님이 너를 결박하고 제어할 권세를 내게 주셨으니, 너를 향하여 담대히 선포하노라!

나사렛 예수 그리스도의 이름으로 너를 결박하노니 묶임을 받고 내게서 떠나갈지어다. 내 허리를 고통스럽게 하는 것을 지금 당장 중단하고 내 앞에서 영원히 사라질지어다.

이 병마야!

다시는 내게 접근하지 말지어다. 다시는 내 육체를 괴롭게 하지 말지어다. 네가 있을 곳은 음부요 지옥이다. 너를 나사렛 예수 그리스도의 이름으로 저주하노니, 너 있을 곳으로 영원히 떨어질지어다.

이제 내 몸을 향하여 나사렛 예수 그리스도의 이름으로 선포하노라!

허리가 아픈 증상이 깨끗이 사라질지어다. 밀려나온 물렁뼈가 다시 제자리로 들어갈지어다. 다리가 저리고 당기는 증상도 깨끗이 없어질지어다. 엉치 부위가 시큰 거리는 것도, 둔부에 통증이 있는 것도 깨끗이 사라질지어다.

나는 내 고통을 감찰하시는 주님의 능력으로 나음을 입었노라!

예수 그리스도의 보혈의 능력으로 깨끗이 치유함을 받았노라!

할렐루야!

예수 그리스도의 이름으로 기도합니다. 아멘

천식아! 떨어질지어다

하나님의 군사로 세우는 능력의 말씀 •─────

"내 영혼아 여호와를 송축하며 그의 모든 은택을 잊지 말지어다 그가 네 모든 죄악을 사하시며 네 모든 병을 고치시며 네 생명을 파멸에서 속량하시고 인자와 긍휼로 관을 씌우시며" (시 103:2~3)

기도를 좁게 하여 기침이 나오게 하고 호흡을 방해하는 악하고 추악한 병마야!

나를 위해서 십자가에서 죽으시고 부활하신 예수 그리스도의 이름으로 너를 대적하며 명령하노니 내게서 떠나갈지어다.

나는 하나님의 자녀의 권세를 가졌노라!

나는 너를 결박할 수 있는 예수 이름의 권세를 가졌노라!

그 권세를 가지고 너를 꾸짖어 명령하노니, 지금 즉시 예수의 피로 녹아져서 내 몸속에서 흔적도 없이 사라질지어다. 성령의 불로 태워져서 내 몸속에서 영원히 죽어 없어지는 존재가 될지어다.

나를 주장하시는 분은 오직 예수 그리스도

한 분뿐이시니, 너는 나를 주장할 수 없노라! 너는 지금 당장 묶임을 받고 내 몸속에서 영원히 추방될지어다.

악하고 추악한 병마야!

너는 나를 속박할 수 없노라! 너는 나를 쓰러뜨릴 수도 없고, 질병의 철창 안에 가둘 수 없노라!

하나님의 능력의 오른손이 나를 붙들고 계시고, 보혜사 성령께서 나를 보호하고 계시노라!

악하고 추악한 병마야!

하나님의 전신 갑주를 입은 내가, 예수 이름의 권세와 능력으로 너를 대적하노니, 어서 속히 항복하고 내 몸속에서 떠나갈지어다. 나는 강한 사람이다. 나는 깨끗하게 되었노라! 할렐루야!

예수 그리스도의 이름으로 기도합니다. 아멘

육체의 치유를 위한 대적 선포기도문

화병아! 떠나갈지어다

하나님의 군사로 세우는 능력의 말씀 •

"슬프고 아프다 내 마음속이 아프고 내 마음이 답답하여 잠잠할 수 없으니" (렘 4:19)

　내 마음에 화를 가져다주는 악한 영, 사탄 마귀야! 나사렛 예수 그리스도의 이름으로 명령하노니 내게서 떠나갈지어다.
　너는 내 마음속에 화를 심어 놓아, 나로 하여금 정상적인 대인관계를 하지 못하도록 간계를 꾸미고 있으나, 나를 사랑하시되 죽기까지 사랑하신 나사렛 예수 그리스도의 이름으로 명령하노니 악한 영, 사탄 마귀야! 내게서 떠나갈지어다.
　공중의 권세 잡은 자야!
　이 땅에서 너의 마지막 계획이 하나님의 백성들의 마음에 너의 왕국을 우뚝 세워서 지옥 백성이 되게 하려는 것이 아니더냐!
　에덴동산에서부터 갖고 있었던 너의 간계

는 이미 만천하에 드러난 상태이니, 더 이상 몸부림치지 말고 지금 곧 내게서 떠나갈지어다.

악한 영 사탄 마귀야!

네가 더 이상 내게 틈타지 못하도록 나사렛 예수님의 피로 차단하노라! 예수님의 보혈로 보호막을 치노라!

더 이상 내게 악한 마음, 분노의 마음을 주입하지 못하도록 생명의 성령의 법으로 너를 결박하노니 지금 당장 묶임을 받고 떠나갈지어다. 나사렛 예수 그리스도의 권세와 능력으로 너를 강력하게 대적하노라!

나는 성령 충만함으로 내 마음을 다스리길 원하노라. 예수님의 평안이 내 마음을 주장하기를 원하노라!

할렐루야!

예수 그리스도의 이름으로 기도합니다. 아멘

귀신아! 떠나갈지어다

하나님의 군사로 세우는 능력의 말씀 •

"예수께서 이르시되 이 말을 하였으니 돌아가라 귀신이 네 딸에게서 나갔느니라 하시매 여자가 집에 돌아가 본즉 아이가 침상에 누웠고 귀신이 나갔더라" (막 7:29,30)

귀신을 조종하여 사람의 육체와 정신과 영혼을 괴롭히는 악한 영 원수 마귀야!

나사렛 예수 그리스도의 이름으로 명령하노니 지금 즉시 이 영혼에게서 떠나갈지어다.

"마귀를 대적하라 그리하면 너희를 피하리라"(약 4:7)는 주의 말씀을 의지하여 너를 대적하노니 지금 즉시 묶임을 받고 이 영혼에게서 떠나갈지어다.

"그들이 한 길로 너를 치러 들어 왔으나 네 앞에서 일곱 길로 도망하리라"(신 28:7)는 주의 말씀을 의지하여 너를 대적하노니 지금 즉시 이 영혼에게서 떠나갈지어다.

악한 영 원수 마귀야! 예수 그리스도를 믿는 자들에게는 뱀과 전갈을 밟으며 원수의 모든 능력을 제어할 권세가 있는 줄을 모르느냐!(눅10:19) 병마를 쫓아내고 귀신을 쫓아낼 수 있는 권세가 있는 줄 모르느냐!

악한 영 원수 마귀야!

나사렛 예수 그리스도의 이름으로 명령하노니 지금 즉시 결박을 받고 이 영혼에게서 떠나갈지어다. 귀신을 조종하여 이 영혼의 의식과 자아와 육체를 괴롭히는 악한 행위를 지금 즉시 중단할지어다. 지금 즉시 손을 떼고 멈출지어다.

말씀의 검, 진리의 검으로 너를 파쇄하노니 항복을 선언하고 지금 즉시 떠나갈지어다.

나사렛 예수 그리스도의 이름으로 선포하노니 이 영혼이 다시는 귀신에게 괴롭힘을 당하는 일이 없을지어다. 귀신을 다스리고 내어쫓는 권세가 이 영혼에게 있을지어다.

할렐루야!

예수 그리스도의 이름으로 기도합니다. 아멘

편두통아! 사라질지어다

하나님의 군사로 세우는 능력의 말씀 •
"주께서 생명의 길을 내게 보이셨으니 주 앞에서 내게 기쁨이 충만하게 하시리로다" (행 2:28)

 머리를 지끈지끈 아프게 하고, 바늘로 찌르듯한 고통을 주는 병마야!

 내가 네게 나사렛 예수 그리스도의 이름으로 명령하노니 내게서 떠나갈지어다.

 내 머리에 고통을 주어 일상생활을 훼방하는 병마야! 내가 너를 성령의 불로 소멸하노니 내 머리에서 흔적도 없이 사라질지어다.

 내 손을 내 머리에 얹어 예수님의 이름으로 안수하노니 정신과 육체를 힘들게 하는 질병의 근원이 내 머리에서 뿌리 채 뽑히고 완전히 제거될지어다.

 내 머리에 고통과 괴로움을 주는 병마야!

 나는 이제 너에게 더 이상 종노릇 하지 않음을 선언하노라! 네가 나를 두통으로 두렵게 하여도 너의 악한 권세에 절대로 굴복하지 않음을 선언하노라!

나의 의식에 자아와 초자아 위에 예수님의 이름의 권세와 능력과 보호하심을 주장하노라! 예수의 피, 예수의 보혈로 보호막을 치노라!

내 몸속에 있는 너의 모든 근거지를 성령의 불로 태우노라! 나사렛 예수 그리스도의 이름으로 너의 모든 근거지가 파쇄되고 초토화되었음을 선언하노라!

나는 이제 예수님의 보혈의 능력으로 편두통이 물러가고 건강해졌다. 더 이상 내 머리는 아프지 않다. 예수님의 치유의 생수가 내 머리를 시원케 하고, 그분의 평안이 내 마음을 주장하노라!

할렐루야!

예수 그리스도의 이름으로 기도합니다. 아멘

어지럼증아! 물러갈지어다

하나님의 군사로 세우는 능력의 말씀 •••••••••••••••••

"네가 말하기를 여호와는 나의 피난처시라 하고 지존자를 너의 거처로 삼았으므로 화가 네게 미치지 못하며 재앙이 네 장막에 가까이 오지 못하리니" (시 91:9, 10)

어지러움으로 일상생활을 하지 못하도록 훼방하는 병마야! 내가 네게 나사렛 예수 그리스도의 이름으로 명령하노니 지금 즉시 물러갈지어다.

온갖 질병으로부터 해방시켜 주시고 자유를 선언하신 나사렛 예수 그리스도의 이름으로 네게 명령하노니 지금 즉시 내게서 떠나갈지어다.

너는 나를 절대로 넘어지게 할 수 없노라! 너는 나를 절대로 상하게 할 수 없노라! 나는 하나님의 택하신 족속이요, 왕 같은 제사장이요, 거룩한 나라이다. 하나님이 내게 인자와 긍휼로 관을 씌우시고 내 몸과 영혼을 독수리 같이 새롭게 하여 주시노라!

사탄 마귀의 조종을 받고 있는 악하고 추악한 병마야!

주께서 나를 하늘의 사람으로 인치셨으니 너는 내 몸속에서 지금 즉시 활동을 중지하고 떠나갈지어다.

다시는 어지러움을 이용하여 나를 괴롭히거나 힘들게 하지 말지어다. 또한 내 정서를 불안하게 하거나 안정을 빼앗아가지 말지어다.

예수님의 권세와 능력으로 네게 명령하노니 지금 즉시 항복을 선언하고 내게서 떠나갈지어다.

이 추악한 병마야!

너는 나를 주장하지 못하노라. 너는 나를 조종하지 못하노라! 너를 내게서 영원히 추방하노라!

할렐루야!

예수 그리스도의 이름으로 기도합니다. 아멘

감기야! 떨어질지어다

하나님의 군사로 세우는 능력의 말씀 •·································

"여호와께서 자기 백성의 상처를 싸매시며 그들의 맞은 자리를 고치시는 날에는 달빛은 햇빛 같겠고 햇빛은 일곱 배가 되어 일곱 날의 빛과 같으리라" (사 30:26)

면역력에 이상이 생길 때, 그 틈을 비집고 들어와 신체와 정신과 마음을 괴롭히는 더러운 바이러스야!

나사렛 예수 그리스도의 이름으로 네게 명령하노니 지금 즉시 내 몸에서 떨어져 나갈지어다.

목을 아프게 하는 기침아! 멈출지어다.
코를 막히게 하는 현상아! 없어질지어다.
머리를 아프게 하는 두통아! 사라질지어다.
지나치게 많아진 가래야! 녹아질지어다.
너희 힘을 박멸하노라!
너의 힘을 무력화시키노라!

내 몸을 병들게 하여 일상생활을 힘들게 하는 바이러스야! 너를 엄히 꾸짖고 명령하노니 지금 즉시 묶임을 받고 내게서 떠나갈지어다.

내 몸에서 완전히 제거될지어다. 내 몸에서 영원히 사라질지어다.

지금 나를 향하여 나사렛 예수 그리스도의 이름으로 명령하노라!

신체의 연약한 모든 부위는 강해질지어다. 건강한 면역체가 더 많이 생성되고 강화될지어다.

신체와 정신과 마음의 모든 기능이 정상적으로 작동될지어다.

나는 나음을 입었노라! 예수님의 보혈의 능력이 나를 주장하노라! 나는 건강해졌다!

할렐루야!

예수 그리스도의 이름으로 기도합니다. 아멘

치매야! 물러가거라

하나님의 군사로 세우는 능력의 말씀 •

"여호와의 율법은 완전하여 영혼을 소성시키시며 여호와의 증거는 확실하여 우둔한 자를 지혜롭게 하며" (시19:7)

생각할 수 있는 능력과 기억력을 잃어버리게 하고 인간의 존엄성을 파괴시키는 병마야!

우리의 몸을 지으신 창조주 예수 그리스도의 이름으로 명령하노니 지금 즉시 이 몸과 영혼에서 떠나갈지어다.

이 몸과 영혼은 예수님께서 당신의 피로 값주고 사셨노라! 예수님의 보혈의 능력으로 모든 죄를 깨끗하게 씻어 주셨노라!

인간의 존엄성을 말살시키는 악하고 추악한 병마야! 하늘과 땅의 모든 권세를 가지신 예수님께서 이 몸과 영혼을 주장하고 계시니 지금 즉시 너의 활동을 멈추고 떠나갈지어다.

이 영혼의 인성이 파괴되지 않도록 예수님의 보혈로 보호막을 치노라! 마귀의 공격이 무력화될 수 있도록 성령의 화염검으로 이 영혼을 안위하노라!

눈먼 자도 살리시고 죽은 자도 일으키시는 나사렛 예수 그리스도의 이름으로 선포하노니, 죽어가는 뇌세포가 정상으로 돌아올지어다. 잃어가는 기억력이 정상으로 회복될지어다.

주님의 능력으로 풍성한 지혜의 샘물이 생각을 통하여 흐르게 될지어다. 사물을 바로 인지할 수 있는 지각력도 새로워지게 될지어다.

더 이상 이 무시무시한 병마가 이 몸을 주장하지 못하노라! 맑은 정신으로 끝까지 천국을 향하여 달음질하는 영혼이 될지어다.

할렐루야!

예수 그리스도의 이름으로 기도합니다. 아멘

알코올 중독아! 박멸될지어다

하나님의 군사로 세우는 능력의 말씀 •··················

"투기와 술 취함과 방탕함과 또 그와 같은 것들이라 전에 너희에게 경계한 것 같이 경계하노니 이런 일을 하는 자들은 하나님의 나라를 유업으로 받지 못할 것이요" (갈 5:21)

나의 영혼과 육체를 피폐하게 만드는 사탄 마귀야! 이제껏 너의 집요한 공격으로 내 몸의 장기가 온전한 것이 없으며, 몸이 마르고 손이 떨려 정상적인 생활을 할 수 없노라!

속이 쓰리고 아파도 마시게 만들고, 몸이 망가져도 끊을 수 없게 만드는 악한 마귀야!

나사렛 예수 그리스도의 권능으로 너를 저주하고 대적하노니 이 몸에서 즉시 떠나갈지어다.

더 이상 술로 내 몸을 망가뜨리지 말지어다. 더 이상 알코올로 내 영혼을 도둑질하지 말지어다.

이 몸과 영혼은 스스로를 보호할 수 있는 능력을 잃었지만, 나보다 나를 더 사랑하고 계시는 예수님의 권세와 능력을 힘입어 너를 향하여 명령하노니 이 몸과 정신과 마음에서 즉시 떠나갈지어다.

이 사악한 영 원수 마귀야!

너는 더 이상 이 몸과 영혼을 주장하지 말지어다. 죽음을 이기신 예수 그리스도의 이름으로 너의 힘을 꺾어버리노라! 만왕의 왕이신 예수 그리스도의 이름으로 너의 힘을 무력화 시키노라!

지금 즉시 결박을 당하고 물러갈지어다. 영원히 사라질지어다. 너를 거절하고 너를 거부하노라! 다시는 너의 종이 되어 끌려 다니지 않을 것을 선포하노라!

성령이여 이 영혼을 새롭게 하옵소서. 성령에 취한 인생이 되게 하옵소서. 할렐루야!

예수 그리스도의 이름으로 기도합니다. 아멘

아토피야! 물러갈지어다

하나님의 군사로 세우는 능력의 말씀 •••••••••••••••••••••

"예수께서 손을 내밀어 그에게 대시며 이르시되 내가 원하노니 깨끗함을 받으라 하시니 즉시 그의 나병이 깨끗하여진지라" (마 8:3)

온몸에 심한 가려움증을 주어 밤마다 잠을 제대로 못 자게 하는 병마야!

나사렛 예수 그리스도의 능력을 힘입어 너를 대적하노니 내게서 떠나갈지어다.

너는 나를 흉한 몸으로 망가뜨려서 믿음에서 멀어지게 하려고 하고 있지만, 욥을 넘어뜨리려고 했던 너의 간계를 내가 모를 줄 아느냐! 욥의 믿음을 넘어뜨리지 못했던 너의 간계가 내게는 통할 줄 아느냐!

이 더럽고 사악한 병마야!

무너진 면역체계가 정상적으로 작동되도록 내 정신과 육체를 예수님의 능력으로 강화시키노라! 예수의 피, 예수의 보혈로 내 피부에 강력한 보호막을 치노라! 세포마다 침투시켰던 너의 더러운 병균을 성령의 불로 태워 없애노라!

문둥병을 고치신 나사렛 예수 그리스도의 이름으로 명령하노니, 가려움증아!

지금 즉시 물러갈지어다. 피와 딱지로 얼룩진 내 몸아!

지금 즉시 정상적인 피부로 돌아올지어다.

마음과 정신에 스며든 스트레스도 나사렛 예수 그리스도의 이름으로 명령하노니 지금 즉시 떠나갈지어다.

예수님께서 채찍에 맞음으로 나는 나음을 입었노라! 예수님의 보혈의 능력으로 나는 깨끗함을 입었노라!

이 더럽고 사악한 병마야!

너의 무기는 예수님의 능력으로 다 파쇄되었음을 선언하노라! 할렐루야!

예수 그리스도의 이름으로 기도합니다. 아멘

육체의 치유를 위한 대적 선포기도문

심근경색아! 떠나갈지어다

하나님의 군사로 세우는 능력의 말씀 •

"하나님은 우리에게 은혜를 베푸사 복을 주시고 그의 얼굴 빛을 우리에게 비추사(셀라) 주의 도를 땅 위에, 주의 구원을 모든 나라에게 알리소서" (시 67:1,2)

심장발작과 가슴통증으로 자신도 모르는 사이에 죽음에 이르게 하는 병마야!

내 생명을 창조하시고 주관하고 계시는 나사렛 예수 그리스도의 이름으로 명령하노니 내게서 떠나갈지어다.

너는 내게 두려움과 불안함을 조성하여 적극적인 삶을 살지 못하도록 훼방하고 있으나, 나의 모든 신체 조직을 주관하시는 나사렛 예수 그리스도의 이름으로 명령하노니 지금 즉시 내게서 떠나갈지어다.

나의 삶을 흠집 나게 하는 병마야!

너의 모든 힘을 무력화시키노라! 너를 엄히 꾸짖고 명령하노니 지금 즉시 결박을 받고 내게서 떠나갈지어다.

예수님의 피, 예수님의 보혈의 공로를 의지하여 내 몸을 향하여 명령하노라!

혈액의 정상적인 흐름을 방해하는 혈전들이 녹아 없어질지어다. 좁아진 관상동맥이 넓어져서 원활한 혈액순환이 이루어질지어다.

심장의 죽었던 조직들이 살아나서 정상적인 심장기능을 회복할지어다.

예수님의 생명, 예수님의 능력으로 내 몸의 약해진 모든 조직들이 건강하게 될지어다.

여호와는 나를 지키시는 이심을 믿노라!

나를 상하지 않게 하시며, 모든 환난을 면하게 하시며, 내 영혼을 지키시는 이심을 믿노라!

나는 나음을 입었다! 나는 깨끗하게 되었다! 할렐루야!

예수 그리스도의 이름으로 기도합니다. 아멘

폐병(암)아! 떠나갈지어다

하나님의 군사로 세우는 능력의 말씀 •⋯⋯⋯⋯⋯⋯⋯⋯⋯

"하나님이여 나를 건지소서 여호와여 속히 나를 도우소서"
(시 70:1)

 온 몸을 쥐어짜며 고통스런 기침을 하게 하고 정상적인 호흡을 가로막고 있는 병마야!
 살아계신 나사렛 예수 그리스도의 이름으로 내가 네가 명령하노니 지금 즉시 결박을 받고 내 몸에서 떠나갈지어다.
 너는 나에게 죽음이란 공격 무기를 앞세워 내 육체와 정신과 영혼을 공격하고 있지만, 죽음을 이기시고 부활하신 예수님이 나와 함께하고 계시노라! 구원과 병 고침과 영생을 약속하신 예수님이 나를 붙들고 계시노라!
 병마야! 너의 쏘는 것이 무엇이냐! 예수님의 능력을 나의 방패로 삼노라! 사망아! 너의 쏘는 것이 무엇이냐! 예수님의 생명으로 내 영혼을 두르노라!

너는 나를 그리스도의 사랑에서 끊을 수 없노라! 너는 나를 구원의 자리에서 떨어뜨릴 수 없노라!

나의 생명을 노리고 있는 어둠의 세력아! 생명의 주가 되시는 나사렛 예수 그리스도의 이름으로 명령하노니 지금 즉시 묶음을 받고 내게서 떠나갈지어다. 더럽고 추악한 병마야! 지금 즉시 내 몸속에서 손을 떼고 영원히 사라질지어다.

내가 혈담을 쏟아내고, 피가래를 뱉어낸다 할지라도, 내 생명과 내 몸은 죽음에서 부활하신 예수님이 주장하고 계심을 믿노라!

나는 반드시 나을 것이다! 나는 나음을 입었노라! 나는 건강해졌다! 할렐루야!

예수 그리스도의 이름으로 기도합니다. 아멘

유방암아! 사라질지어다

하나님의 군사로 세우는 능력의 말씀 •······································
"무릇 하나님께로부터 난 자마다 세상을 이기느니라 세상을 이기는 승리는 이것이니 우리의 믿음이니라" (요일 5:4)

여자의 아름다움을 빼앗아 가는 병마야! 하늘과 땅의 모든 권세를 가지신 나사렛 예수 그리스도의 이름으로 명령하노니 내게서 사라질지어다.

너는 나를 고통스럽게 하여 하나님을 원망하고 믿음에서 멀어지게 하려는 간계를 꾸미고 있지만, 고통이 변하여 기쁨이 되게 하시고, 탄식이 변하여 찬송이 되게 하시는 하나님을 굳게 믿노라!

캄캄한 밤을 헤매는 것 같은 고통을 내게 더해 보거라! 칼로 도려내는 것 같은 아픔을 내게 더해 보거라! 너는, 나보다 나를 더 사랑하시는 그리스도의 사랑에서 나를 결단코 끊을 수 없노라!

하나님의 자녀의 영혼을 노리고 있는 사악한 병마야! 생명의 성령의 법으로 너를 결박하노니 지금 즉시 묶임을 받고 내 몸에서 떠나갈지어다.

내 몸속에서 활동하고 있는 더러운 암 덩어리야! 사탄의 강력한 진을 파하는 나사렛 예수 그리스도의 이름으로 명령하노니 지금 즉시 녹아 없어질지어다. 지금 즉시 내 몸속에서 흔적도 없이 사라질지어다.

너의 권세와 힘을 예수님의 능력으로 끊어 버리노라! 네가 내 몸에서 활동하는 것을 영원히 금지하노라!

나는 나았다! 나는 깨끗이 치료되었다!

할렐루야!

예수 그리스도의 이름으로 기도합니다. 아멘

약한 체질아! 강하여질지어다

하나님의 군사로 세우는 능력의 말씀 •
"나에게 이르시기를 내 은혜가 네게 족하도다 이는 내 능력이 약한 데서 온전하여짐이라 하신지라" (고후 12:9)

약한 체력을 이용하여 정신과 마음에 연약함을 주는 사탄 마귀야!

나사렛 예수 그리스도의 이름으로 내가 너를 대적하노라! 내가 너를 엄히 꾸짖고 명령하노라! 지금 즉시 내 몸과 마음과 정신에서 떠나갈지어다.

나는 하나님의 자녀의 권세를 가졌노라! 예수 그리스도의 능력이 나를 주장하노라! 너는 나를 넘어지게 할 수 없노라! 너는 나를 쓰러뜨릴 수 없노라!

나의 약함을 통하여 강함이 되어 주시는 나사렛 예수 그리스도의 이름으로 너를 대적하며 명령하노니 악한 영 원수 마귀야! 지금 즉시 결박을 받고 내게서 떠나갈지어다.

나는 너를 거부하노라! 나는 너를 거절하노라! 더 이상 나의 삶을 주장하려 하거나 훼방하지 말고 내게서 영원히 사라질지어다.

주 예수 그리스도의 이름으로 내 자신을 향하여 선포하노라!

체력의 한계에 부딪칠 때마다 믿음의 주요 온전케 하시는 예수님을 바라볼지어다.

강함이 되어 주시고 능력이 되어 주시는 주님을 온전히 의지할지어다.

미리 겁먹고 포기하지 말며, 그 어떤 상황 속에서도 자신감을 잃어버리지 말지어다. 믿음의 사람답게 담대하게 살아갈지어다.

내 신체의 연약한 모든 부위가 강해졌노라!

다른 사람들처럼 강행군을 해도 거뜬히 감당할 수 있노라! 내게 능력 주시는 자 안에서 내가 모든 것을 할 수 있노라! 할렐루야!

예수 그리스도의 이름으로 기도합니다. 아멘

대장암아! 떨어질지어다

하나님의 군사로 세우는 능력의 말씀 •••••••••••••••••••
"여호와여 내가 주를 바랐사오니 내 주 하나님이 내게 응답하시리이다" (시 38:15)

허리가 휘어지도록 심한 통증을 갖게 하는 병마야! 내 모든 죄와 질병을 십자가로 친히 담당하신 나사렛 예수 그리스도의 이름으로 명령하노니 지금 즉시 내게서 떠나갈지어다.

예수님의 능력으로 너를 엄히 꾸짖어 명령하노니 지금 즉시 결박을 받고 내 몸속에서 녹아져서 흔적도 없이 사라질지어다.

생명을 갉아먹고 있는 더러운 암 덩어리야! 너에게로 연결되어 있는 모든 혈관을 예수의 피로 차단하노라! 너에게로 공급되는 혈액을 예수님의 보혈로 차단하노라! 지금 즉시 내 몸에서 떨어져서 물러갈지어다.

온몸으로 번져 가려고 하는 계획을 세웠느냐! 나사렛 예수 그리스도의 이름으로 너의 힘을 파쇄시키노라! 너희 힘을 박멸하노라!

내게 극심한 고통을 주는 더러운 암 덩어리야! 말씀의 검으로 너를 자르노라! 성령의 불로 너를 태우노라! 지금 즉시 내 몸속에서 영원히 없어질지어다.

욥의 생명을 보호하신 하나님께서 내 생명을 보호하고 계심을 믿노라! 생명의 주님이 내 생명을 주장하고 계심을 믿노라!

지금도 하늘 보좌 우편에서 연약한 인생을 위하여 중보의 기도를 쉬지 않고 계시는 주님께서 나로 하여금 새 생명을 얻게 하실 것을 믿노라!

나는 생명의 주님이 도우심으로 말미암아 고침을 받았다. 나는 건강해졌노라! 할렐루야!

예수 그리스도의 이름으로 기도합니다. 아멘

자궁암아! 소멸될지어다.

하나님의 군사로 세우는 능력의 말씀 •

"내 이름을 경외하는 너희에게는 공의로운 해가 떠올라서 치료하는 광선을 비추리니 너희가 나가서 외양간에서 나온 송아지 같이 뛰리라" (말 4:2)

자궁의 기능을 앗아가 버린 병마야!

나사렛 예수 그리스도의 이름으로 명령하노니 지금 즉시 내게서 떠나갈지어다.

예수님의 권세와 능력으로 너를 대적하노라! 지금 즉시 결박을 받고 내게서 떠나갈지어다.

너는 내 몸을 주장하지 못한다. 내 정신을 주장하지 못한다. 내 영혼을 주장하지 못한다. 여호와는 나를 치료하시는 하나님이시다. 마른 뼈에도 살이 돋게 하시고, 생기가 있게 하시는 하나님이시다.

그 하나님이 나를 주장하고 계시노라! 그 하나님이 내 생명을 보호하고 계시노라!

내 생명을 갉아 먹고 있는 더러운 암 덩어리

야! 예수님의 피를 너에게 뿌리노니 지금 즉시 녹아 없어질지어다. 예수님의 강력한 빛을 너에게 비추노니 지금 즉시 재가 되어 사라질지어다.

나는 예수 그리스도 안에서 생명의 성령의 법으로 새롭게 되었노라! 하나님의 자녀의 권세가 내게 있노라!

이 시간, 예수님의 이름의 권세를 힘입어 너의 모든 근거지를 성령의 불로 태우노라! 다른 장기에도 나쁜 영향을 주고 있는 너의 실체를 예수님의 능력으로 파멸시키노라!

권능과 능력의 주님이 나를 치료하셨노라! 내가 다시 건강해졌음을 나사렛 예수 그리스도의 이름으로 선포하노라! 할렐루야!

예수 그리스도의 이름으로 기도합니다. 아멘

내가 천국의 열쇠를 네게 주리니
네가 땅에서 무엇이든지 매면 하늘에서도 매일 것이요
네가 땅에서 무엇이든지 풀면
하늘에서도 풀리리라

마태복음 16장 19절

3부

믿음의 회복을 위한
대적 선포 기도문

성령의 충만을 받을지어다

하나님의 군사로 세우는 능력의 말씀
"술 취하지 말라 이는 방탕한 것이니 오직 성령의 충만을 받으라" (엡 5:18)

구원함을 받은 너 하나님의 사람아!

나사렛 예수 그리스도의 이름으로 선포하노니 성령이 충만한 사람이 될지어다.

성령이 충만하여 자기 십자가를 지고 주님을 따르며, 오직 주님의 영광을 위하여 주님의 뜻을 온전히 좇을 수 있는 성령의 사람이 될지어다.

성령이 충만하여 십자가에 달려 죽기까지 복종하신 주님을 본받아, 순종의 욕구를 충족시킬 수 있는 성령의 사람이 될지어다.

성령이 충만하여 십자가에 달려 물과 피를 다 쏟으신 주님을 본받아, 희생의 욕구를 충족시킬 수 있는 성령의 사람이 될지어다.

너 하나님의 사람아!

주님의 몸 된 교회도 성령이 충만한 가운데 섬길 수 있는 사람이 될지어다. 봉사와 섬김의 자리라면 항상 겸손과 온유로 감당하고, 충성과 헌신의 자리라면 기꺼이 자신의 몸과 물질을 깨뜨려 기쁨과 즐거움으로 감당할 수 있는 성령의 사람이 될지어다.

또한 성령이 충만하여 주님의 아름다운 덕을 선전할 수 있는 사람이 될지어다. 주님을 사랑하듯 이웃을 사랑하기에 힘쓰고, 때를 얻든지 못 얻든지 항상 복음을 전하기에 힘쓰는 성령의 사람이 될지어다.

너 하나님의 사람아!

이 땅을 살아가는 동안 언제나 성령이 충만한 사람으로 살아감으로 하나님의 선하시고 온전하신 뜻을 이루는 성령의 사람이 될지어다. 할렐루야!

예수 그리스도의 이름으로 기도합니다. 아멘

사탄 마귀를 대적할지어다

하나님의 군사로 세우는 능력의 말씀 •
"그런즉 너희는 하나님께 복종할지어다 마귀를 대적하라 그리하면 너희를 피하리라" (약 4:7)

예수 권세, 예수 능력을 가진 너 하나님의 사람아!

나사렛 예수 그리스도의 이름으로 선포하노니 사탄 마귀를 능히 대적하는 능력의 사람이 될지어다.

에덴동산의 아담과 하와를 넘어뜨린 사탄 마귀는 지금도 너를 넘어뜨리려고 적극적으로 활동하고 있다는 사실을 기억할지어다.

영적인 존재이지만, 동시에 인격을 가진 존재라서, 얼마든지 너의 마음을 파고들어 영향을 미칠 수 있다는 사실을 명심할지어다.

너 하나님의 사람아!

사탄의 최종 계획과 목표는 너의 마음에 자신의 왕국을 우뚝 세우는 것이다. 이 같은 사탄의 계략에 걸려 넘어지지 않기 위하여 영분별을 잘할 수 있는 능력의 사람이 될지어다.

사탄이 너를 넘어뜨리려고 호시탐탐 기회를 엿보고 있을지라도 항상 영적으로 깨어 있어서 사탄이 비집고 들어올 수 있는 틈을 보여주지 말지어다.

사탄이 그 어떤 강력한 무기를 가지고 접근한다 할지라도, 예수 권세, 예수 능력으로 초토화시킬 수 있는 능력의 사람이 될지어다.

언제나 사탄의 간계와 궤계를 미리 알아차려서 예수님의 권세와 능력으로 무력화시키며, 성령의 화염검으로 사탄의 진을 능히 파하는 능력의 사람이 될지어다.

너 하나님의 사람아!

허리에 진리의 띠를 두르고 가슴에 호심경을 붙이고 머리에서부터 발끝까지 하나님의 말씀으로 전신 갑주를 입으라. 할렐루야!

예수 그리스도의 이름으로 기도합니다. 아멘

축복을 받을지어다

하나님의 군사로 세우는 능력의 말씀 •

"너희 조상의 하나님 여호와께서 너희를 현재보다 천 배나 많게 하시며 너희에게 허락하신 것과 같이 너희에게 복 주시기를 원하노라" (신 1:11)

축복의 사람으로 세움을 받은 너 하나님의 사람아!

나사렛 예수 그리스도의 이름으로 선포하노니 너는 하나님의 복을 담아내는 축복의 사람이 될지어다.

시냇가에 심은 나무가 계절을 좇아 열매를 맺으며 그 잎이 마르지 않음같이, 영혼이 잘되고 범사가 잘되는 축복이 너에게 있을지어다.

만군의 하나님이 함께 계시매 점점 강성해 갔던 다윗과 같이, 임마누엘의 하나님이 너와 동행하심으로 말미암아 날마다 형통의 복이 임하는 삶을 살게 될지어다.

너 하나님의 사람아!

졸지도 아니하시고, 주무시지도 아니하시는 하나님께서 너를 돌보시고 지켜주심으로 말미암아 마음의 건강, 정신의 건강, 육신의 건강도 항상 누리게 되는 축복이 있을지어다.

너의 평생에 생각과 마음이 사탄에게 괴롭힘을 당하지 아니하며, 너의 육신이 각종 병마에게 시달림을 당하는 일이 없을지어다.

항상 건강한 마음과 육체로 주님을 받들어 섬길 수 있는 축복의 사람으로 쓰임을 받을지어다.

너 하나님의 사람아!

예수님의 권세 예수님의 능력으로 선포하노니 성경에 이름과 같이 너는 들어와도 복을 받고 나가도 복을 받는 사람이 될지어다. 너의 삶이 항상 하늘의 신령한 것과 땅의 기름진 것으로 채움을 받게 되는 역사가 있을지어다. 할렐루야!

예수 그리스도의 이름으로 기도합니다. 아멘

각양 은사를 사모할지어다

하나님의 군사로 세우는 능력의 말씀 •
"너희는 더욱 큰 은사를 사모하라 내가 또한 가장 좋은 길을 너희에게 보이리라" (고전 12:31)

 십자가의 은혜로 거듭난 너 하나님의 사람아!

 나사렛 예수 그리스도의 이름으로 선포하노니 은사를 사모하는 사람이 될지어다.

 성령의 각양 은사를 받기 위하여 항상 하나님을 가까이 하며, 깨어서 기도하기를 쉬지 말지어다.

 너 하나님의 사람아!

 방언의 은사를 사모할지어다. 그리하여 주님과 더 깊은 교제를 나눌 수 있는 기도의 사람이 될지어다.

 예언의 은사를 사모할지어다. 그리하여 믿음의 사람들을 예수 그리스도의 말씀으로 바로 세워 줄 수 있는 진리의 사람이 될지어다.

섬김의 은사를 사모할지어다. 그리하여 섬김의 본을 보이신 예수님을 닮아갈 수 있는 겸손의 사람이 될지어다.

물질의 은사를 사모할지어다. 그리하여 많은 사람을 구제하고 헤아리며 헌신할 수 있는 봉사의 사람이 될지어다.

전도의 은사를 사모할지어다. 그리하여 주님을 모르는 많은 영혼을 주님께로 인도할 수 있는 사람 낚는 어부가 될지어다.

분별의 은사를 사모할지어다. 그리하여 악한 영들을 바로 분별하여 사탄의 세력을 대적할 수 있는 믿음의 사람이 될지어다.

은사 중에 으뜸은 사랑이니, 이 모든 은사 위에 사랑을 더할 수 있기를 사모할지어다. 그리하여 모든 은사가 가져야할 지향점이 사랑임을 나타낼 수 있는 성령의 사람이 될지어다. 할렐루야!

예수 그리스도의 이름으로 기도합니다. 아멘

금식기도에 승리할지어다

하나님의 군사로 세우는 능력의 말씀 •··············
"내가 기뻐하는 금식은 흉악의 결박을 풀어주며 멍에의 줄을 끌러 주며 압제 당하는 자를 자유하게 하며 모든 멍에를 꺾는 것이 아니겠느냐" (사 58: 6)

택함을 받은 너 하나님의 사람아!

몸을 깨뜨려 부르짖는 자에게 은총을 더하시는 나사렛 예수 그리스도의 이름으로 선포하노니 너는 금식기도에 승리할지어다.

너 하나님의 사람아!

네가 금식하며 기도할 수밖에 없는 영혼의 고통을 주님께서 헤아리실 것을 확신하노라. 주님이 가난한 마음으로 부르짖는 너의 마음을 만져 주시고 은혜로 채워 주실 것을 믿노라. 식욕을 절제하며 희생의 기도를 드리는 너의 심령을 성령으로 충만케 하실 것을 믿노라.

너 하나님의 사람아!

네가 금식을 하는 동안 주님께서 사탄 마귀

가 일절 틈타지 못하도록 하늘의 천군천사를 동원시키셔서 너를 보호하여 주실 것이다.

몸은 축나고 기력이 쇠할지라도 영혼을 새롭게 하시는 주님의 은총이 너의 영혼을 덮으실 것이다.

금식을 하는 동안 너의 영혼의 찌든 때가 말끔히 씻겨나가며, 그 마음에 모든 근심 걱정들이 물러가며, 매일 매일 응답을 경험하는 주님의 은총을 누릴지어다.

너 하나님의 사람아!

능력의 주님이 네가 금식하는 동안 너의 건강을 책임져 주실 것이다. 정한 기간까지 금식을 잘 마칠 수 있도록 성령의 능력으로 함께하실 것이다.

금식하기 전에는 맛볼 수 없었던 주님의 신령한 은혜를 꼭 체험할지어다. 할렐루야!

예수 그리스도의 이름으로 기도합니다. 아멘

영적싸움에서 승리할지어다

하나님의 군사로 세우는 능력의 말씀

"우리의 씨름은 혈과 육을 상대하는 것이 아니요 통치자들과 이 어둠의 세상 주관자들과 하늘에 있는 악의 영들을 상대함이라" (엡 6:12)

그리스도의 좋은 군사로 부르심을 받은 너 하나님의 사람아!

나사렛 예수 그리스도의 이름으로 선포하노니 주님이 인정하시는 그리스도의 좋은 군사가 될지어다.

지금도 마귀는 우는 사자와 같이 두루 다니며 삼킬 자를 찾고 있으니 마귀의 미혹에 걸려 넘어지지 않고 능히 대적하기 위하여 하나님의 전신갑주를 입을지어다. 마귀는 영적인 틈을 비집고 들어오는 존재이니 영적인 틈을 보이지 않기 위하여 말씀으로 철저하게 무장하며 깨어 기도하기를 쉬지 말지어다.

너 하나님의 사람아!

사도 바울은 영과의 싸움에서 이기기 위하

여 날마다 자신을 죽이는 삶을 살았노라. 너도 자신을 철저히 죽이는 삶을 살아감으로 정욕을 통하여 접근해 오는 사탄의 계략을 봉쇄하는 능력의 사람이 될지어다.

또한 마귀가 좋아하는 것이라면 눈을 가리고 귀를 막으며, 마귀가 싫어하는 것이라면 힘을 다하여 최선을 다할 수 있는 주의 군사가 될지어다.

너 하나님의 사람아!

주변에서 너의 신앙을 넘어뜨리기 위하여 수많은 대적자가 일어난다 할지라도 절대로 마귀의 꾐에 걸려 넘어지지 말며, 믿음의 사람 욥과 같이 승리함으로 귀로만 듣던 하나님을 직접 눈으로 보는 복을 누릴지어다. 마귀에게 철퇴를 가하고 마귀의 진을 파하는 강력한 주님의 사람으로 살아갈지어다. 할렐루야!

예수 그리스도의 이름으로 기도합니다. 아멘

강하고 담대한 믿음이 될지어다

하나님의 군사로 세우는 능력의 말씀 •

"내가 네게 명령한 것이 아니냐 강하고 담대하라 두려워하지 말며 놀라지 말라 네가 어디로 가든지 네 하나님 여호와가 너와 함께 하시느니라 하시니라" (수 1:9)

강하고 담대하기를 원하는 너 하나님의 사람아!

나사렛 예수 그리스도의 이름으로 선포하노니 너는 강하고 담대한 사람이 될지어다.

지금 너의 마음이 너무나 연약하여 온갖 두려움을 떨쳐버리지 못하고 있느냐! 그 두려움 때문에 네가 감당해야 할 사명의 자리도 피하고 있느냐! 여호수아에게 군대 장관으로 나타나셔서 강하고 담대함을 심어 주셨던 주님께서 지금 너와 함께하고 계심을 확신할지어다.

너 하나님의 사람아!

주님은 너에게 하늘과 땅의 모든 권세를 주셨다. 세상 끝날까지 항상 함께하실 것을 약속하셨다. 그러므로 강하고 담대하게 나아갈지어다. 주님의 약속을 믿고 순종의 욕구를 충족시키는 믿음의 사람이 될지어다.

너 하나님의 사람아!

이 세상의 어떤 죄악과, 악한 영이 너를 대적한다 할지라도 하나님의 보호 속에서, 또한 주님을 믿는 믿음 가운데서 강하게 물리칠지어다. 담대함을 가지고 싸워나갈지어다. 악한 영과의 승리는 이미 주님께서 약속해 주신 것이므로, 이 약속을 굳게 믿고 흔들리지 말지어다.

너 하나님의 사람아!

강하고 담대한 믿음의 사람이 되기 위하여 성령의 충만함을 받을지어다. 성령의 충만함을 받아 두려움 없는 신앙으로 성령의 열매를 맺으며, 주님을 기쁘시게 하는 삶을 살아갈지어다. 십자가의 승리를 보여 주신 주님을 닮아가기를 원하노라! 할렐루야!

예수 그리스도의 이름으로 기도합니다. 아멘

적극적인 신앙인이 될지어다

하나님의 군사로 세우는 능력의 말씀 •·················
"부지런하여 게으르지 말고 열심을 품고 주를 섬기라"
(롬 12:11)

섭리하시는 주님의 은총 가운데 살고 있는 너 하나님의 사람아! 내가 나사렛 예수 그리스도의 이름으로 선포하노니 적극적인 신앙의 사람이 될지어다.

너 하나님의 사람아! 아무리 바쁜 생활이라 할지라도, 너는 하나님의 자녀란 것을 결코 잊지 말지어다. 주님의 나라와 그 의를 구하는 삶을 살아야 함을 결코 잊지 말지어다.

너 하나님의 사람아! 육신의 일만 생각하지 말고, 영적인 일에 마음을 쏟을 수 있는 사람이 될지어다. 너를 향한 하나님의 뜻하심과 계획하심이 분명히 계실 것이다. 그것을 깨달아서 적극적인 신앙의 단계로 나아갈지어다.

너 하나님의 사람아! 세상적인 것으로만 부

요케 되는 삶을 사는 것이 아니라, 영적이고 신령한 것으로 부요케 되는 삶을 살아갈지어다. 네가 육신의 일에만 매여 있을 때, 성령께서 탄식하고 계심을 잊지 말지어다.

너 하나님의 사람아! 하나님께 받은 은혜를 헤아려 볼지어다. 이제는 주님의 일을 뒷전으로 미루는 삶이 되지 말고, 주님을 본받아 자신을 깨뜨릴 수 있는 삶을 살아가기에 힘쓸지어다. 이제는 하나님의 영광을 위한 영적인 고민만 가득 차 있는 성령의 사람이 될지어다. 주님을 위해서 큰일을 해낼 수 있는 믿음의 그릇이 될지어다.

너 하나님의 사람아! 식어버린 너의 가슴이 성령으로 충만하게 되고, 주님이 기뻐하시는 영적인 욕구가 날마다 불타오르는 사람이 될지어다. 할렐루야!

예수 그리스도의 이름으로 기도합니다. 아멘

요동치 않는 믿음이 될지어다

하나님의 군사로 세우는 능력의 말씀 •······················

"무거운 것과 얽매이기 쉬운 죄를 벗어버리고 인내로써 우리 앞에 당한 경주를 하며 믿음의 주요 온전하게 하시는 이인 예수를 바라보자" (히 12: 1,2)

믿음의 길을 달려가고 있는 너 하나님의 사람아! 나사렛 예수 그리스도의 이름으로 네게 선포하노니 요동치 않는 믿음의 사람이 될지어다.

지금 너의 믿음이 갈대와 같이 흔들리고 있느냐! 믿음의 주요 온전하게 하시는 이인 예수님이 너의 믿음을 주장하기를 원하노라!

너 하나님의 사람아! 지금 하늘에서 구름같이 둘러싼 허다한 증인들이 네가 믿음의 길을 잘 달려갈 수 있도록 응원하고 있다는 것을 잊었느냐! 어렵고 힘들지라도 주님의 택하심을 받은 자로, 주님의 뜻하신 일을 잘 이루어 드릴 수 있는 믿음의 사람이 될지어다. 예수님만을 바라보고 바다 위로 발을 내딛던 베드로처럼, 너도 그 믿음을 가지고 모든 것을 주님께 맡기고 주님만을 의지하는 사람이 될지어다.

너 하나님의 사람아! 주변을 바라보고 환경을 바라보면 베드로처럼 바다에 빠질 수 있음을 기억하여라. 하나님께서 기뻐하실 일이 무엇인지를 잘 분변하여 오는 시험과 유혹을 잘 이길 수 있는 믿음의 사람이 될지어다.

사탄의 유혹과 감정의 지배를 받지 않기 위하여 늘 하나님께 엎드리는 기도의 사람이 되고, 환경에 끌려가는 것이 아니라, 주님께 이끌림을 받는 믿음이 되기 위하여 성령의 충만을 구하는 사람이 될지어다.

너 하나님의 사람아! 흔들리지 않는 굳센 믿음으로 날마다 전진하며 믿음으로 승리하는 사람이 될지어다. 할렐루야!

예수 그리스도의 이름으로 기도합니다. 아멘

실족하지 않는
믿음이 될지어다

하나님의 군사로 세우는 능력의 말씀 •

"대저 의인은 일곱 번 넘어질지라도 다시 일어나려니와 악인은 재앙으로 말미암아 엎드러지느니라" (잠 24:16)

주님이 피로 값 주고 사신 너 하나님의 사람아! 나사렛 예수 그리스도의 이름으로 선포하노니 실족하지 않는 믿음의 사람이 될지어다.

곤고함 속에서도 새 힘을 주시는 하나님을 찬양할지어다. 마음의 상처를 받아 실족하였을지라도 아주 넘어지지 않게 하시는 하나님께 감사할지어다.

너 하나님의 사람아! 너를 향하신 하나님의 사랑이 끝이 없고 영원함을 기억하여라. 너보다 너를 더 사랑하시는 하나님이심을 기억하여라. 너의 영혼을 하나님이 그의 오른손으로 붙들고 계심을 기억하여라.

이제껏 마음에 응어리졌던 모든 감정들을 성령의 불로 소멸할지어다. 식어진 가슴에 믿음의 불을 지펴서 주님을 사랑하는 마음으로 다시 교회를 위하여 죽도록 충성할 수 있는 일꾼이 될지어다.

너 하나님의 사람아! 신앙생활을 하면서 겪은 아픔들은 다른 사람의 아픔을 헤아릴 수 있는 삶을 살라고 주님이 섭리하신 것임을 잊지 말지어다. 이제 이전에는 보이지 않던 다른 교우의 아픔이 더욱 선명하게 네 눈에 들어와서 그 아픔을 함께 나눌 수 있는 복된 신앙의 사람이 될지어다.

너 하나님의 사람아! 지금도 너를 위하여 눈물로 기도하는 동역자들이 있음을 잊지 말지어다. 그 기도의 빚을 더 많은 기도로 꼭 갚을 수 있는 믿음의 사람이 될지어다. 더 깊은 감사의 자리로 향할 수 있는 믿음의 사람이 될지어다. 할렐루야!

예수 그리스도의 이름으로 기도합니다. 아멘

주님을 온전히 신뢰할지어다

하나님의 군사로 세우는 능력의 말씀 •
"야곱의 하나님을 자기 도움으로 삼으며 여호와 자기 하나님에게 자기의 소망을 두는 자는 복이 있도다" (시146:5)

구원함을 받은 너 하나님의 사람아!

나사렛 예수 그리스도의 이름으로 선포하노니 주님을 온전히 신뢰하고 의지할 수 있는 믿음의 사람이 될지어다.

"여호와께 피하는 것이 사람을 신뢰하는 것보다 나으며 여호와께 피하는 것이 고관들을 신뢰하는 것보다 낫다"(시118:8,9)고 하였사오니, 이 말씀대로 주님만을 온전히 신뢰하고 의지하는 믿음의 사람이 될지어다.

너 하나님의 사람아!

주님만을 온전히 신뢰하고 의지하게 될 때에 두려움 없는 삶을 살 수 있음을 믿노라! 넉넉히 이기는 삶을 살 수 있음을 믿노라! 행복한 삶, 성공하는 삶을 살 수 있음을 믿노라! 그러므로 주님만을 온전히 신뢰하고 의지할 수 있는 믿음의 사람이 될지어다.

비록 눈에 보이는 것이 없고, 귀에는 들리는 것이 없고, 손에 잡히는 것이 없다 할지라도 인생을 주관하시는 분은 오직 주님 한분뿐이심을 기억하여 그분만을 굳게 의지하는 믿음의 사람이 될지어다.

너 하나님의 사람아!

너는 어느 순간에라도 인생을 의지하거나 재물을 의지하는 일이 없을지어다. 언제나 주님만을 모시고 그분만을 앞세우고 사는 삶이 될지어다. 주님만을 너의 도움으로 삼으며 그분에게서 떠나지 않는 복 있는 삶이 될지어다. 할렐루야!

예수 그리스도의 이름으로 기도합니다. 아멘

은혜를 깨닫는 자가 될지어다

하나님의 군사로 세우는 능력의 말씀 •·········

"나에게 이르시기를 내 은혜가 네게 족하도다 이는 내 능력이 약한 데서 온전하여 짐이라 하신지라" (고후 12:9)

하나님의 자녀라는 놀라운 특권을 받은 너 하나님의 사람아! 나사렛 예수 그리스도의 이름으로 선포하노니 너는 어떤 환경 속에서도 하나님의 은혜를 깨닫는 자가 될지어다.

만약 가난하게 되었을 때, 가난도 주님이 주신 은혜임을 깨닫게 될지어다. 가난 속에서도 진실하게 주님을 섬길 수 있다면 부자가 섬기는 것에 절대로 뒤지지 않는 다는 것을 잊지 말지어다.

만약 질병이 찾아왔을 때, 질병도 주님이 주신 은혜임을 깨닫게 될지어다. 질병 가운데서도 주님께 영광 돌릴 수만 있다면 건강한 사람이 돌리는 영광에 조금도 부족하지 않음을 잊지 말지어다.

만약 고난을 겪게 되었을 때, 고난도 주님이 주신 은혜임을 깨닫게 될지어다. 고난 가운데서도 흔들리지 아니하고 주님을 바라볼 수 있다면 평안한 사람이 주님께 영광 돌리는 것에 조금도 뒤지지 않는다는 것을 잊지 말지어다.

만약 불행이 찾아왔을 때, 불행도 주님이 주신 은혜임을 깨닫게 될지어다. 불행 중에도 흔들리지 않고 주님을 의지할 수 있다면 행복한 사람이 주님께 영광 돌리는 것에 조금도 부족하지 않다는 것을 잊지 말지어다.

너 하나님의 사람아! 세상적인 가치관과 기준으로 주님의 은혜를 생각하지 말지어다. 주님이 너를 어떤 환경에서 어떤 모양으로 쓰시는지에 초점을 맞추어 주님의 도구로 쓰임 받는 것에 감사할 수 있는 사람이 될지어다. 할렐루야!

예수 그리스도의 이름으로 기도합니다. 아멘

말씀을 잘 들을지어다

하나님의 군사로 세우는 능력의 말씀

"그러므로 믿음은 들음에서 나며 들음은 그리스도의 말씀으로 말미암았느니라"(롬 10:17)

진리의 영으로 인도함을 받는 너 하나님의 사람아! 나사렛 예수 그리스도의 이름으로 선포하노니 말씀을 잘 들을 수 있는 복 있는 사람이 될지어다.

말씀을 듣는 귀가 열려서 말씀을 잘 듣고 깨달을 수 있는 복 있는 사람이 될지어다. 말씀을 들을 때마다 악한 영의 방해와 훼방을 받지 않기 위하여 성령의 충만함을 구할지어다. 말씀에서 멀어지게 하는 미혹이 있을 때마다 예수님의 권세, 예수님의 능력으로 강하게 물리칠지어다.

너 하나님의 사람아! 말씀을 들을 때마다 머리로만 이해하는 말씀이 아니라, 가슴으로 다가오는 말씀을 듣기 위하여 엎드려 기도할지어다. 가슴으로 느껴지는 주님의 말씀을 들음으로 언제나 심령의 부흥을 경험하며 치유와 회복을 경험하는 은혜의 사람이 될지어다.

또한 말씀을 들을 때마다 너의 심령이 새롭게 변화되기를 사모할지어다. 어떤 말씀이 주어지든지 아멘으로 화답하고, 그 말씀이 너의 삶을 주장할 수 있도록 말씀을 따라 살기에 힘쓸지어다.

너 하나님의 사람아!

언제나 말씀을 듣는 자리를 사모하고, 매일 성경을 보며 묵상하는 습관을 게을리 하지 말지어다. 그리하여 언제나 감격이 넘치는 신앙생활을 하며, 그리스도의 장성한 분량에 이를 수 있는 복 있는 사람이 될지어다. 너의 영혼이 항상 진리의 빛으로 비춤을 받기를 원하노라! 할렐루야!

예수 그리스도의 이름으로 기도합니다. 아멘

예배를 사모할지어다

하나님의 군사로 세우는 능력의 말씀 •••••••••••••••

"그러므로 형제들아 내가 하나님의 모든 자비하심으로 권하노니 너희 몸을 하나님이 기뻐하시는 거룩한 산제물로 드리라 이는 너희가 드릴 영적 예배니라" (롬 12:1)

예배의 사람으로 세움을 받은 너 하나님의 사람아! 나사렛 예수 그리스도의 이름으로 선포하노니 항상 예배를 사랑하는 사람이 될지어다.

주님을 사랑하기 때문에 예배를 사랑할 수 있는 사람이 되고, 주님을 사모하기 때문에 예배를 사모할 수 있는 사람이 될지어다.

예배를 드리지 않으면 그 마음에 견딜 수 없는 영적인 부담을 느낄 수 있는 사람이 되고, 예배를 멀리하면 그 마음에서 탄식하고 계시는 성령의 음성을 들을 수 있는 사람이 될지어다.

너 하나님의 사람아! 모이기를 폐하는 어떤 사람들의 습관을 닮아가지 말지어다. 하나님은 우리를 통하여 예배를 받으시기 위하여 우리를 지명하여 부르셨음을 잊지 말지어다.

하나님의 성호를 찬양하는 것이 인생 최고의 기쁨이 되며, 예배를 통하여 하나님을 경험하는 것이 인생 최고의 행복이 될지어다.

피하고 싶은 예배가 아니라 언제나 기다려지는 예배가 되도록 힘쓰고, 지키는 예배가 아니라 언제나 드리는 예배가 될 수 있도록 최선을 다할지어다.

온전한 예배가 있어야 삶에 온전한 변화가 주어진다는 사실을 잊지 말지어다. 마음을 다한 예배가 있어야 축복의 주인공이 될 수 있음을 잊지 말지어다. "하나님께 가까이 함이 내게 복이라."(시73:28)고 한 시편기자의 고백이 너의 영혼 깊은 곳에서 울려 퍼질지어다. 할렐루야!

예수 그리스도의 이름으로 기도합니다. 아멘

주일을 사랑할지어다

하나님의 군사로 세우는 능력의 말씀 •

"주의 궁정에서의 한 날이 다른 곳에서의 천 날보다 나은즉 악인의 장막에 사는 것보다 내 하나님의 성전 문지기로 있는 것이 좋사오니" (시 84:10)

인생의 본분이 무엇인지를 깨닫고 있는 너 하나님의 사람아! 나사렛 예수 그리스도의 이름으로 선포하노니 하나님을 영화롭게 하고 그를 인하여 영원토록 즐거워하는 삶을 살아 갈지어다.

주일은 우리 주님의 날이니, 이 날을 온전히 주님께 드릴 수 있는 신앙의 사람이 될지어다. 주일은 우리 주님께서 예배를 통하여 복 주시기로 작정하신 날이니, 이 날에 주님을 예배하기에 힘쓸 수 있는 축복의 사람이 될지어다.

너 하나님의 사람아!

사람이 떡으로만 사는 것이 아니라, 하나님의 입에서 나오는 말씀으로 살아야 함을 기억할지어다. 육신의 일에 얽매여서 마귀가 좋아하는 일만 좇다가, 받은 은혜를 모두 잃어버리는 어리석은 자가 되지 말지어다.

"주의 궁정에서의 한 날이 다른 곳에서의 천 날보다 낫다."(시84:10)고 고백했던 시편기자와 같이 주일마다 주의 궁정을 사모함으로 세상에서는 맛볼 수 없는 더 큰 기쁨과 평강을 얻을 수 있는 신앙의 사람이 될지어다.

특별히 이 날에 자신의 몸을 깨뜨려 주님의 몸 된 교회를 위하여 봉사하고 헌신할 수 있는 기쁨을 누릴지어다. 헤어졌던 성도들과도 만나서 신앙생활에 유익을 더하는 믿음의 좋은 교제를 나눌지어다.

너 하나님의 사람아! 주일을 구별하여 주님께 드림으로 영육 간에 참된 평화와 안식을 누릴 수 있는 사람이 될지어다. 할렐루야!

예수 그리스도의 이름으로 기도합니다. 아멘

주님의 헌신을 닮아갈지어다

하나님의 군사로 세우는 능력의 말씀

"나는 이제 너희를 위하여 받는 괴로움을 기뻐하고 그리스도의 남은 고난을 그의 몸 된 교회를 위하여 내 육체에 채우노라" (골 1:24)

주님의 은혜를 먹고 사는 너 하나님의 사람아! 나사렛 예수 그리스도의 이름으로 선포하노니 주님의 희생과 헌신을 닮아가는 믿음의 사람이 될지어다.

주님은 한 알의 밀처럼 땅에 떨어지심으로 죄 가운데 방황하는 인류를 구원하시고 우리 죄를 사해 주셨으니, 주님의 그 밀알의 정신을 본받아 희생의 자리로 나아갈 수 있는 믿음의 사람이 될지어다.

주님을 위해서 희생하고 헌신하는 것은 천사도 흠모하는 일임을 기억하여, 너의 모든 것을 깨뜨려 더욱 희생하고 헌신할 수 있는 믿음의 사람이 될지어다.

주님이 우리에게 요구하시는 것은 자기 십

자가를 지고 주님을 따르는 것이니, 순종함으로 희생의 욕구를 충족시켜 나갈 수 있는 믿음의 사람이 될지어다.

너 하나님의 사람아! 수많은 신앙의 사람들처럼 삶의 그 어떤 위기가 찾아온다 할지라도 주님을 위한 희생의 자리는 결코 비우지 않는 믿음의 사람이 될지어다.

주님을 위하여 죽도록 충성할 수 있는 헌신의 길을 걷는 주님의 제자가 될지어다.

혹 주님께 드리는 헌신이 어떤 의무감 때문에 억지로 하는 것이 되지 않도록 날마다 엎드려 기도할지어다. 성령의 충만을 구하고, 자신을 쳐서 복종시키는 연습을 게을리 하지 말지어다.

언제나 구원해 주신 주님의 구속의 은총에 감격하여, 드리지 아니하고는 견딜 수 없는 헌신의 생활이 될지어다. 할렐루야!

예수 그리스도의 이름으로 기도합니다. 아멘

죽도록 충성할지어다

하나님의 군사로 세우는 능력의 말씀 •

"그 주인이 이르되 잘하였도다 착하고 충성된 종아 네가 적은 일에 충성하였으매 내가 많은 것을 네게 맡기리니 네 주인의 즐거움에 참여할지어다" (마 25:21)

주님의 거룩한 직분을 받은 너 하나님의 사람아! 나사렛 예수 그리스도의 이름으로 선포하노니 주님께 죽도록 충성할 수 있는 믿음의 사람이 될지어다.

티끌과도 같은 우리들을 충성된 자로 여기셔서 귀한 직분까지 맡겨 주셨으니 때를 얻든지 못 얻든지 힘을 다하여 충성할 수 있는 믿음의 사람이 될지어다.

주님의 거룩한 직분을 감당하는 데 있어서 행여 인간의 지식, 경험, 기술, 잔재주, 테크닉 같은 것을 앞세우는 일이 없도록 마음을 다하여 주님을 의뢰할 수 있는 믿음의 사람이 될지어다.

너 하나님의 사람아! 부족함을 느낄 때마다

"내게 능력 주시는 자 안에서 내가 모든 것을 할 수 있느니라."는 믿음을 앞세우고, 약해질 때마다 "믿음의 주요 온전하게 하시는 이인 예수님"을 바라볼 수 있는 믿음의 사람이 될지어다.

맡은 직분을 통하여 주님의 몸 된 교회를 잘 섬기고, 주님을 영화롭게 하는 데 너의 모든 것이 소진되기를 소망할지어다. 목사님의 말씀에 온전히 복종하며 선한 사업에 큰 믿음의 사람이 될지어다.

믿음의 형제들에게도 항상 믿음의 유익을 끼칠 수 있는 삶이 되고, 언제나 겸손함으로, 언제나 인내함으로 주님의 거룩한 직분을 감당할 수 있는 믿음의 사람이 될지어다.

너 하나님의 사람아! 맡은 자에게 구할 것은 충성이니 열심을 품고 주님을 섬길지어다. 할렐루야!

예수 그리스도의 이름으로 기도합니다. 아멘

아름다운 믿음이 될지어다

하나님의 군사로 세우는 능력의 말씀 •

"너희의 믿음의 역사와 사랑의 수고와 우리 주 예수 그리스도에 대한 소망의 인내를 우리 하나님 아버지 앞에서 끊임없이 기억함이니" (살전 1:3)

만세 전부터 택하심을 받은 너 하나님의 사람아! 나사렛 예수 그리스도의 이름으로 선포하노니, 항상 주님을 위하여 아름답게 쓰임 받는 믿음의 사람이 될지어다.

주님의 나라와 그의 몸 된 교회를 위하여 힘을 다하여 봉사하고 충성하는 아름다운 믿음의 사람이 될지어다.

주님의 일을 하면 할수록 지치는 것이 아니라, 샘솟는 기쁨이 그 심령에 넘쳐나는 아름다운 믿음의 사람이 될지어다.

지금까지도 주님의 은혜에 이끌려 살았지만, 앞으로의 삶도 주님의 은혜의 지배를 받으며 사는 아름다운 믿음의 사람이 될지어다.

생업에 복을 받아, 주님을 섬기고 베푸는 삶

을 사는 데 아낌없이 물질을 깨뜨릴 수 있는 아름다운 믿음의 사람이 될지어다.

다른 사람들에게도 믿음의 좋은 영향을 끼칠 수 있는 사람이 될지어다. 누구나 본받고 싶고 누구나 닮고 싶은 아름다운 믿음의 사람이 될지어다.

너 하나님의 사람아! 사랑의 수고로 주님에게나 사람들에게 칭찬을 받는 아름다운 믿음의 사람이 될지어다.

주님 안에서 붙여진 축복의 별명이 많은 사람들의 입을 통해서 불려지는 아름다운 믿음의 사람이 될지어다.

너 하나님의 사람아! 항상 주님께는 기쁨을 드리고 사람들에게는 위로와 평안을 심어 주는 아름다운 믿음의 사람이 될지어다.

할렐루야!

예수 그리스도의 이름으로 기도합니다. 아멘

기도의 불을 붙일지어다

하나님의 군사로 세우는 능력의 말씀 •······················
"너는 내게 부르짖으라 내가 네게 응답하겠고 네가 알지 못하는 크고 은밀한 일을 네게 보이리라" (렘 33:3)

주님을 본받아 살기를 소망하는 너 하나님의 사람아! 나사렛 예수 그리스도의 이름으로 선포하노니 항상 주님의 은혜의 보좌 앞으로 이끌림을 받는 기도의 사람이 될지어다.

우리 주님은 당신의 은혜를 받을 수 있는 방편으로 주님과 대면할 수 있는 기도의 자리를 주셨는데, 그 자리를 더욱 사랑할 수 있는 기도의 사람이 될지어다.

신앙생활에, 하나님과 영적인 교제를 나눌 수 있는 기도의 자리가 빈약해지지 않도록 항상 깨어서 쉬지 않고 기도하기를 힘쓰는 사람이 될지어다.

너 하나님의 사람아! 기도하지 아니하고는 견딜 수 없는 영적인 부담이 항상 너의 가슴에 밀려오는 것을 체험할지어다. 기도를 통하여 우리를 향하신 하나님의 크신 뜻을 깨달으며, 기도를 통하여 우리의 삶에 개입하고 계시는 주님의 섭리를 느낄 수 있는 사람이 될지어다.

기도를 통하여 주님의 음성 듣기를 즐거워하고, 보다 더 깊은 영적인 세계로 나아갈 수 있는 사람이 될지어다.

기도를 통하여 온전한 순종을 주님께 드릴 수 있는 사람이 되고, 나라와 이웃과 교회와 가정을 위하여 중보의 기도를 드림으로 하나님을 기쁘시게 할 수 있는 사람이 될지어다. 너 하나님의 사람아! 이 땅을 살아가는 동안 하늘 보좌를 움직이는 기도의 사람이 될지어다. 할렐루야!

예수 그리스도의 이름으로 기도합니다. 아멘

말씀을 사랑할지어다

하나님의 군사로 세우는 능력의 말씀 •··················
"모든 성경은 하나님의 감동으로 된 것으로 교훈과 책망과 바르게 함과 의로 교육하기에 유익하니" (딤전 3:16)

하늘의 진리를 알아갈 수 있는 축복을 받은 너 하나님의 사람아! 나사렛 예수 그리스도의 이름으로 선포하노니 말씀을 더욱 사랑하는 사람이 될지어다.

하나님의 말씀을 즐거워하여 그 말씀을 주야로 묵상하는 삶을 살아갈지어다.

사람은 떡으로만 사는 것이 아니라 하나님의 입에서 나오는 말씀으로 사는 것이라 하였으니, 주님의 말씀에 항상 귀를 귀울이며, 입에서 말씀이 떠나지 않는 삶이 되기를 힘쓸지어다.

주님의 말씀은 내 발에 등이요 내 길에 빛이라고 하였으니, 말씀을 따라 살기에 마음을 다할 수 있는 삶이 될지어다.

갓난아이들같이 순전하여 신령한 젖인 하나님의 말씀을 항상 사모하고, 주님의 말씀에 항상 주의하며, 주의 계명에서 떠나지 않기를 기도하는 삶이 될지어다.

말씀을 통하여 주님의 음성을 더욱 세미하게 들으며, 날마다 영혼이 소성케 되고 새롭게 되는 기쁨을 누리는 삶이 될지어다.

너 하나님의 사람아! 어둠의 세력과 악한 마귀를 능히 대적하기 위하여 구원의 투구와 성령의 검, 곧 하나님의 말씀을 가지기를 힘쓸지어다.

진리의 말씀으로 사탄의 간계와 계략을 능히 간파하며, 사탄의 진을 파할 수 있는 능력의 삶이 되기를 힘쓸지어다.

항상 말씀으로 하루를 열고, 말씀으로 하루를 닫음으로 말씀이 너의 영혼을 주장하게 할지어다. 할렐루야!

예수 그리스도의 이름으로 기도합니다. 아멘

믿음의 회복을 위한 대적 선포기도문

연단을 잘 인내할지어다

하나님의 군사로 세우는 능력의 말씀 •

"보라 인내하는 자를 우리가 복되다 하나니 너희가 욥의 인내를 들었고 주께서 주신 결말을 보았거니와 주는 가장 자비하시고 긍휼히 여기는 이시니라" (약 5:11)

주님의 사랑을 받고 있는 너 하나님의 사람아! 나사렛 예수 그리스도의 이름으로 선포하노니 연단의 과정을 잘 인내할 수 있는 믿음의 사람이 될지어다.

어렵고 힘들 때일수록 주님을 원망하거나 입술로 범죄치 않도록 더욱 기도하며 성령의 충만함을 더욱 사모할지어다.

자칫 믿음이 흔들리기 쉽고 실족하여 넘어지기 쉬운 이때에, 더욱 믿음으로 굳게 하기 위하여 능력의 주님을 바라볼지어다.

너 하나님의 사람아! 지금 너의 형편과 처지를 우리 주님이 다 감찰하고 계신다. 너의 생각과 마음을 우리 주님이 다 지키시고 계신다. 우리를 사랑하시되 끝까지 사랑하시는 주님의 사랑을 의심하지 말지어다.

지금 당장 환경의 변화가 주어지지 않는다 할지라도 낙심치 말고 두려워하지 말지어다. 우리 주님은 반드시 화가 변하여 복이 되게 하시는 분이심을 굳게 믿을지어다.

연단도 영적인 성숙을 가져오는 계기가 된다는 것을 잊지 말지어다. 연단을 통하여 이제껏 들을 수 없었던 주님의 음성을 생생하게 듣게 되는 계기가 된다는 것을 잊지 말지어다. 연단이 깊어질수록 믿음도 더욱 강하여진다는 사실에 위로를 받을지어다.

너 하나님의 사람아! 온전한 믿음의 사람으로 변화시키시려는 하나님의 은총과 섭리임을 기억하여, 이 연단의 과정에서 꼭 승리할지어다. 욥과 같이 귀로만 듣던 하나님을 눈으로 보게 되는 축복이 있을지어다. 할렐루야!

예수 그리스도의 이름으로 기도합니다. 아멘

시험을 잘 참아낼지어다

하나님의 군사로 세우는 능력의 말씀

"시험을 참는 자는 복이 있나니 이는 시련을 견디어 낸 자가 주께서 자기를 사랑하는 자들에게 약속하신 생명의 면류관을 얻을 것이기 때문이라" (약1:12)

주님께 영광을 돌리기를 원하는 너 하나님의 사람아! 나사렛 예수 그리스도의 이름으로 선포하노니, 당한 시험을 담대하게 이기는 믿음의 사람이 될지어다.

네가 원치 않는 시험을 당하였지만, 주님의 사랑을 조금도 의심하지 말지어다. 더욱 더 주님을 바라보고 의지하는 믿음의 사람이 될지어다.

너 하나님의 사람아! 시험을 당한 때일수록 왜 시험이 찾아왔는지 깨달아 알기 위하여 성령님의 도우심을 구하는 사람이 될지어다.

만약 주님이 허락하신 시험이라면 감사함으로 받고, 믿음 위에 굳게 서서 조금도 흔들리지 말지어다.

눈에는 아무 증거 안 보이고 귀에는 아무 소리 안 들려도, 손에는 아무것도 잡히는 것이 없어도 시험을 참는 자가 복이 있다는 주님의 말씀을 붙들고 끝까지 인내하는 강하고 담대한 사람이 될지어다.

주님이 사랑하시는 자에게 허락하신 시험은 전적으로 시험 당하는 자에게 엄청난 주님의 은혜를 체험케 하시기 위한 것임을 잊지 말지어다.

욥이 엄청난 시험을 통과한 후에 비로소 귀로만 듣던 하나님을 눈으로 볼 수 있는 주님의 은총이 내려졌듯이 (욥42:5), 그와 같은 은총이 네게도 있을 것을 확신하노라.

이럴 때일수록 사탄이 일절 틈타지 못하도록 예수의 권세, 예수의 능력으로 너의 생각과 마음에 보호막을 칠지어다. 할렐루야!

예수 그리스도의 이름으로 기도합니다. 아멘

핍박을 달게 받을지어다

하나님의 군사로 세우는 능력의 말씀 •································

"무릇 그리스도 예수 안에서 경건하게 살고자 하는 자는 박해를 받으리라" (딤후 3:12)

    천국을 소유한 너 하나님의 사람아! 나사렛 예수 그리스도의 이름으로 선포하노니 주님을 위하여 받는 핍박을 기뻐할 수 있는 주의 사람이 될지어다.

    주님을 위하여 받는 핍박은 주님께서 영광을 받으시는 것이니, 그 어떤 핍박이 가해진다 할지라도 끝까지 믿음의 자리를 지키며 인내할지어다. 핍박을 통하여 네 믿음이 정금같이 바뀔 줄을 믿노라!

    너 하나님의 사람아! 주님을 위하여 받는 능욕을 기뻐할지어다.

    핍박의 순간마다, 이유 없이 핍박을 받으셨던 주님의 모습이 온몸으로 스며드는 은혜가 있을지어다. 골고다의 주님의 피 묻은 십자가가 너의 심령 속에 우뚝 세워지는 축복이 있을지어다.

너 하나님의 사람아! 핍박을 인하여 주님 앞에 엎드릴 때마다 주님께서 네 기도를 들으시고 네 마음을 만져주실 것을 믿노라!

너의 상한 심령을 하늘의 위로와 평안으로 싸매어 주시며, 가시와 같은 아픔을 하늘의 상급과 면류관으로 채워 주실 것을 믿노라!

너 하나님의 사람아! 너를 핍박하는 자를 위해서도 불쌍히 여기는 마음으로 기도할지어다. 주님께서 핍박자였던 바울을 변화시키셔서 위대한 사도로 삼으셨던 것을 생각하며 그들의 마음이 예수의 피로 녹아지도록 기도로 축복해 주는 사람이 될지어다.

너 하나님의 사람아! 너는 예수 그리스도의 흔적을 가졌노라! 예수님만을 앞세우고 담대하게 나아갈지어다. 할렐루야!

예수 그리스도의 이름으로 기도합니다. 아멘

온전한 십일조를 드릴지어다

하나님의 군사로 세우는 능력의 말씀

"만군의 여호와가 이르노라 너희의 온전한 십일조를 창고에 들여 나의 집에 양식이 있게 하고 그것으로 나를 시험하여 내가 하늘 문을 열고 너희에게 복을 쌓을 곳이 없도록 붓지 아니하나 보라" (말 3:10)

주님의 은혜 속에서 사는 너 하나님의 사람아! 나사렛 예수 그리스도의 이름으로 선포하노니 소득의 십분의 일을 정직하게 떼어서 하나님께 드릴 수 있는 믿음의 사람이 될지어다.

소득의 십분의 일을 떼어서 드리는 것은 하나님의 명령이니, 이 명령을 거역하는 삶이 되지 말지어다. 십일조에 손을 대는 것은 하나님의 것을 도둑질 하는 것이니, 이 유혹에 걸려 넘어지지 않도록 성령의 충만으로 네 마음과 생각을 철저히 다스려 나갈지어다.

또한 십일조는 신앙인인지, 비신앙인인지를 알게 하는 척도이니, 십일조를 통하여 때를 따라 은혜를 내려 주시는 주님께 감사와 영광을 돌리는 삶을 살아갈지어다.

너 하나님의 사람아! 더욱 성숙된 믿음으로 나아가기를 원하느냐! 온전한 십일조를 힘써서 주님께 드릴지어다. 물질도 맘몬신(神)이란 것을 기억하여서 하나님 외에는 다른 신을 섬기지 않는다는 믿음으로 십일조를 드릴지어다.

또한 우리는 주님의 것을 잠시 맡아서 관리하는 청지기임을 잊지 말지어다. 청지기의 본분을 다함으로 우리의 주인이신 주님을 기쁘게 해드리는 삶이 될지어다. 또한 물질의 십일조뿐만이 아니라 시간의 십일조도 주님 앞에 드릴 수 있는 믿음의 사람이 될지어다.

너 하나님의 사람아! 주님의 명령을 힘써 지키며 사는 그 심령에 성령이 내주하신다는 사실을 마음 판에 새겨둘지어다. 할렐루야!

예수 그리스도의 이름으로 기도합니다. 아멘

종교적인
갈등이 떠나갈지어다

하나님의 군사로 세우는 능력의 말씀 •··
"우리가 선을 행하되 낙심하지 말지니 포기하지 아니하면 때가 이르매 거두리라" (갈 6:9)

천국의 백성이 된 너 하나님의 사람아! 나사렛 예수 그리스도의 이름으로 선포하노니 가족 간에 종교적인 갈등으로 힘들어하지 말지어다.

네가 지금 영적으로, 정신적으로 많은 갈등과 고통을 겪고 있으나, 천지의 주재이신 하나님이 너와 함께하시니 낙심하거나 실족하지 말지어다.

쟁기를 잡고 뒤로 돌아보는 자는 하나님의 나라에 합당하지 않다(눅 10:20)고 하였으니 잘못된 영, 악한 영과의 싸움에서 뒤로 물러나거나 포기하지 말지어다.

잘못된 영, 이방신들이 가족을 통하여 너를 핍박할지라도 예수님의 이름, 예수님의 능력을 앞세워 담대하게 믿음의 선한 싸움을 싸워 나갈지어다.

너 하나님의 사람아! 너는 예수의 권세를 가진 자이다. 핍박을 받을수록 더욱 더 강한 믿음을 보이면 언젠가는 그들에게 있는 악한 권세가 너에게 굴복하게 될 것이다.

그들에게 있는 잘못된 영이 물러가고, 생명의 영, 예수의 영이 그들에게 임하는 것을 보게 될 것이다. 가족들이 더 이상 사탄 마귀와 악한 귀신들에게 종노릇하지 않을 것이다.

너 하나님의 사람아! 구원은 네 것이다. 승리는 네 것이다. 힘들어도 절대 타협하지 말지어다. 승리의 그날이 있기까지 대장되신 예수님을 앞세우고 믿음으로 힘 있게 전진할지어다. 할렐루야!

예수 그리스도의 이름으로 기도합니다. 아멘

가족들의 반대가 변화될지어다

하나님의 군사로 세우는 능력의 말씀 •

"나는 너희에게 이르노니 너희 원수를 사랑하며 너희를 박해하는 자를 위하여 기도하라" (마 5:44)

영생을 선물로 받은 너 하나님의 사람아!

나사렛 예수 그리스도의 이름으로 선포하노니 너는 하나님 나라의 영원한 상속자가 될지어다.

가족의 반대로 인하여 신앙생활을 하는 데 많은 어려움을 겪고 있느냐! 노골적인 핍박 앞에서 마음이 지쳐가고 있느냐! 믿음의 주님이시요 온전하게 하시는 이인 예수님을 바라볼지어다.

너 하나님의 사람아!

가족의 마음을 강퍅하게 조종하고 있는 사탄 마귀를 능히 물리치기 위하여 성령의 능력을 덧입을지어다. 신앙을 핍박하고 훼방하는 가족들을 품어 주기 위하여 사랑의 능력을 덧

입을지어다.

너 하나님의 사람아!

너는 그 가정에 심어 놓은 복음전도자임을 기억할지어다. 교회 다니는 것을 반대하고, 예수님을 만나지 못한 가족들을 불쌍히 여길지어다. 가족들에게 하나님을 아는 신령한 눈이 떠지게 해달라고 눈물 뿌리며 부르짖을지어다.

지금 견디기 힘들지라도, 가족들이 회개하고 주님 앞에 돌아올 때까지 한 알의 밀이 되어라! 핍박하는 손길이 변하여 주님의 손을 붙드는 손길이 될 때까지 희생제물이 되어라!

우리 주님은 반드시 슬픔이 변하여 찬송이 되게 하시고, 눈물이 변하여 감사의 고백이 되게 하실 것이다. 온 가족이 하늘나라의 영원한 상속자가 되게 하실 것을 굳게 확신할지어다. 할렐루야!

예수 그리스도의 이름으로 기도합니다. 아멘

가정예배에 성공할지어다

하나님의 군사로 세우는 능력의 말씀 •

"할렐루야, 여호와를 경외하며 그의 계명을 크게 즐거워하는 자는 복이 있도다 그의 후손이 땅에서 강성함이여 정직한 자들의 후손에게 복이 있으리로다" (시 112:1,2)

예배의 축복을 받은 너 하나님의 사람아! 나사렛 예수 그리스도의 이름으로 선포하노니 가정예배에 성공하는 축복의 가정을 이룰지어다.

가정예배를 드리는 너와 가족들에게 날마다 하나님의 크신 은혜와 축복이 넘칠지어다.

가정 예배를 통하여 가족의 신앙이 더욱 성숙하고, 믿음이 바로 세워지는 역사가 있을지어다.

아침의 번제와 저녁의 제사를 통하여 광야의 이스라엘 백성과 함께하신 하나님의 은총이 온 가족들에게 넘칠지어다.

가정 예배를 통하여 이 가정을 덮고 있는 모든 근심의 먹구름이 물러가고, 믿음 안에서 하나를 이루는 축복의 역사가 있을지어다.

하루를 시작하기 전의 예배가, 하루를 지배할 수 있는 예배의 정신으로 이어질지어다. 생활의 전 영역에서 주님의 뜻을 담아낼 수 있는 삶으로 이어질지어다.

매일 찬송이 이 가정의 영혼의 가락이 되며, 매일의 기도와 말씀 묵상이 이 가정에 영혼의 양식이 될지어다.

또한, 주님의 교회에 속한 모든 믿음의 식구들에게도 많은 영적인 도전을 주고, 믿음의 좋은 영향력을 끼칠 수 있는 복된 가정이 될지어다.

가정 예배를 통하여 이 가정이 주님께 온전히 봉헌되기를 소망하노라! 할렐루야!

예수 그리스도의 이름으로 기도합니다. 아멘

복음 전하는 전도자가 될지어다

하나님의 군사로 세우는 능력의 말씀

"너는 말씀을 전파하라 때를 얻든지 못 얻든지 항상 힘쓰라 범사에 오래 참음과 가르침으로 경책하며 경계하며 권하라" (딤후 4:2)

영혼 구원의 결실을 맺기를 소망하는 너 하나님의 사람아! 나사렛 예수 그리스도의 이름으로 선포하노니 너에게 전도의 문이 열리는 역사가 있을지어다.

너의 마음에 영혼 구원을 위한 열정이 타오를 수 있도록 더욱 기도하고, 구원의 복음을 힘써서 전할 수 있는 전도자의 사명을 감당할 수 있도록 더욱 부르짖을지어다.

복음 전도의 도구로 합당하게 쓰임받기 위하여 인격과 생활의 변화에도 마음을 쏟을지어다. 변화된 모습으로 불신자들에게 가까이 다가갈 수 있는 복음전도자가 될지어다.

너 하나님의 사람아! "울며 씨를 뿌리러 나가는 자는 반드시 기쁨으로 그 단을 가지고 돌아오리로다."(시 126:6)고 하였으니 전도의 열매를 얻기까지 최선을 다하여 영혼 구원의 씨를 뿌릴 수 있는 복음전도자가 될지어다.

그 어떤 수고가 따른다 할지라도 잃은 양 하나를 찾기 위하여 온갖 수고와 고통을 감내하신 주님의 마음을 닮아가기를 힘쓰는 복음전도자가 될지어다.

보혈의 피를 다 쏟으시기까지 영혼들을 위하여 다 내어 주신 주님의 사랑과 희생을 헤아릴 수 있는 복음전도자가 될지어다.

너 하나님의 사람아! 하늘의 상급을 바라보며 끝까지 전도의 사명을 감당하는 복음전도자가 될지어다. 많은 사람을 옳은 데로 돌아오게 한 자는 별 같이 영원토록 비취리라! 할렐루야!

예수 그리스도의 이름으로 기도합니다. 아멘

정성을 다하여 드릴지어다

하나님의 군사로 세우는 능력의 말씀 •

"각각 그 마음에 정한 대로 할 것이요 인색함으로나 억지로 하지 말지니 하나님은 즐겨 내는 자를 사랑하시느니라"
(고후 9:7)

천국의 보화를 발견한 너 하나님의 사람아! 나사렛 예수 그리스도의 이름으로 선포하노니 물질을 잘 다스리고 깨뜨릴 수 있는 믿음의 사람이 될지어다.

물질에 얽매여 주님을 멀리하거나, 신앙생활이 나태해지는 사람이 되지 말며, 사탄의 유혹에 넘어가서 물질 때문에 시험에 드는 사람이 되지 말지어다.

하나님은 즐겨 내는 자를 사랑하신다고 하셨으니 정성을 다하여 연보할 수 있는 사람이 되고, 강퍅하고 인색한 마음으로 주님을 대면하는 사람이 되지 말지어다.

너 하나님의 사람아! 헌금은 보물을 하늘에 쌓아두는 것임을 기억할지어다. 주님의 창고를 부요케 하는 것임을 기억할지어다. 범사에 주님의 주권을 인정하는 것임을 기억할지어다.

헌금을 통하여 주님의 나라를 더욱 부요케 할 수 있는 믿음의 사람이 될지어다.

구차한 중에서도 모든 소유를 드렸던 과부처럼, 어려울 때에도 더욱 힘써서 드림으로 온전한 감사가 넘치는 삶을 살아갈지어다.

너 하나님의 사람아! 언제나 너의 손이 주님 앞에서 부끄럽지 않기를 원하노라! 소득이 있을 때마다 먼저 주님을 생각하는 마음이 항상 있기를 원하노라!

정직하고 깨끗한 물질로 주님을 기쁘시게 해드리는 데 최선을 다하는 믿음의 사람이 될지어다. 할렐루야!

예수 그리스도의 이름으로 기도합니다. 아멘